数独
游戏技巧
从入门到精通

刘玲丽　编著

化学工业出版社
·北京·

数独游戏规则非常简单，但同时又能全面锻炼人们的逻辑思维能力、推理判断能力、观察能力，因此一经面世就广受欢迎、让人着迷。如果能运用一些技巧，就能体验数独的更多乐趣。

本书在结合实例生动全面地介绍了数独游戏技巧的基础上，又针对比较有代表性的谜题做了全程详解，帮助您在实战中全面掌握、灵活运用。相信经过这样一个系统高效的"培训"，你一定能轻松入门、迅速提高。

还等什么，来体验一下吧，下一个数独高手就是你！

图书在版编目（CIP）数据

数独游戏技巧　从入门到精通/刘玲丽编著.—北京：化学工业出版社，2011.12（2025.2重印）
ISBN 978-7-122-12553-8

Ⅰ.数… Ⅱ.刘… Ⅲ.智力游戏 Ⅳ.G898.2

中国版本图书馆CIP数据核字（2011）第209088号

责任编辑：张　琼　　　　　　装帧设计：尹琳琳
责任校对：顾淑云

出版发行：化学工业出版社
　　　　（北京市东城区青年湖南街13号　邮政编码100011）
印　　装：河北延风印务有限公司
880mm×1230mm　1/32　印张8　字数140千字
2025年2月北京第1版第23次印刷

购书咨询：010-64518888
售后服务：010-64518899
网　　址：http://www.cip.com.cn
凡购买本书，如有缺损质量问题，本社销售中心负责调换。

定　　价：19.90元　　　　　　　　　　　　版权所有　违者必究

前言

　　数独的英文名为sudoku,来源于日文,但其概念起源于瑞士数学家欧拉发明的拉丁方块,曾在美国、日本得到发展,后来被刊登在英国的《泰晤士报》上,一经发表便迅速风靡全世界,让无数人为之着迷。

　　数独是一个只包含九行、九列、九个小九宫格的表格,以若干已知数字为线索将1~9这九个数字分别不重复地填入每行、每列、每个九宫格中就可以,连加减乘除这些基本的运算都不需要。

　　怎么样,是不是感觉数独游戏其实很简单?的确,数独游戏规则很简单,只要认识数字,拿几道题练练基本就可以上手。

　　数独游戏看似简单,却又是一种全面锻炼逻辑思维能力、推理判断能力和观察能力的"大脑体操"。数独游戏可以帮助青少年锻炼思维,增强智力;可以帮助成年人、职场中人缓解压力、休闲放松,打发闲暇时光的同时也为平淡的生活增添了几分乐趣;还可以帮助老年朋友们活动大脑,永葆大脑活力。总之,数独游戏好学又好玩,老少皆宜、大有裨益。怎么样,很想来试一下了吧。

　　如果能掌握一些游戏技巧,你将体验到数独游戏的更多乐趣,这也正是我们编写本书的目的。所谓"工欲善其事,必先利其器",数独游戏中这些独特的技巧正是我们从入门到精通的工具,是一定要掌握的哦。

在本书中,我们首先结合实例详细而直观地对数独的游戏技巧做了一个全面的介绍,在此基础上精选了一些构思巧妙的数独谜题,可以让您在实战中运用并掌握这些技巧,实现"活学活用"。那么,究竟这些技巧我们运用得足够到位吗?运用的时机是否恰当呢?……不用担心,我们在后面针对代表性的谜题还将做全程详解,让您了解到每一个具体的解题步骤。经过这样一个系统的"训练",掌握并运用数独技巧就不是什么难事了。别再甘心做"门外汉",赶快投入到数独的奇趣世界中来吧!

刘玲丽

2011年10月

目录

PART 1 第一部分　数独解题技巧 ………………… 1

一、理解数独游戏规则 ……………… 2

二、简单谜题解题过程 ……………… 4

三、初级技巧：直观法 ……………… 16

  1. 单元限定法 ………………… 16

  2. 单元排除法 ………………… 17

  3. 区块排除法 ………………… 19

  4. 唯一余解法 ………………… 22

  5. 矩形排除法 ………………… 22

  6. 撑点定位法 ………………… 24

  7. 逐行、逐列依次扫描法 …… 28

四、中级技巧：候选数法 …………… 30

  1. 显式唯一法 ………………… 32

  2. 隐式唯一法 ………………… 33

  3. 显式数对法 ………………… 33

  4. 隐式数对法 ………………… 36

5.显式三数集法 ·················· 37
  6.隐式三数集法 ·················· 40
 五、高级技巧：终级推理法·············· 42
  1.矩形顶点法 ···················· 42
  2.XY形态配置法 ················· 44
  3.XYZ形态配置法 ················ 48
  4.WXYZ形态配置法 ·············· 52
  5.三链数删除法 ·················· 56

PART 2 第二部分 精选谜题篇·············· 58

 一、初级谜题·················· 59
 二、中级谜题·················· 81
 三、高级谜题·················· 103
 四、终级谜题·················· 125

PART 3 第三部分 谜题解析与答案·············· 153

 一、初级谜题解析与答案·············· 154

二、中级谜题解析与答案·················· 185

三、高级谜题解析与答案·················· 198

四、终级谜题解析与答案·················· 209

PART 4 附录

关于数独那些个事儿·················· 223

一、为什么叫做"数独"·················· 224

二、数独的起源·························· 226

三、谁动了数独·························· 228

四、数独究竟好玩在什么地方？············ 230

五、玩数独一定要知道的那些事儿！······ 232

  1. 数独谜题的解是否唯一？ ············ 232

  2. 解一道数独题一般需要多长时间？ 235

  3. 数独题能有多少种？ ················ 236

  4. 数独题的难易度与什么有关？ ······ 239

  5. 数独题目需要对称吗？ ············ 239

  6. 一个有趣的猜想——每一道数独题都有解吗？·························· 241

  7. 变形数独 ·························· 242

六、相关组织和竞赛活动……………… 247
 1.国内组织 ……………………… 247
 2.国内竞赛活动 ………………… 247
 3.国际组织 ……………………… 248
 4.国际竞赛活动 ………………… 248

PART 1

第一部分
数独解题技巧

一、理解数独游戏规则

我们这里所说的数独指的都是标准数独,关于变形数独参见本书的附录。在了解数独游戏规则之前,让我们先来了解一下数独的基本元素有哪些,因为下面的技巧介绍中都会运用到这些元素。数独网格共包含八十一个单元格,这些小单元格分别组成九行、九列,同时也组成了九个小九宫格,如图1-1所示。

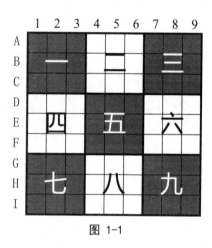

图 1-1

单元格:数独中最小的单元,即图1-1中最小的方框。

行:横向的九个单元格的集合。即图1-1中用字母A～I标示的横行,共有九行。

列:纵向的九个单元格的集合。即图1-1中用数字1～9标示的纵列,共有九列。

小九宫格:用粗黑线划分开的包含3×3个单元格的区

域，即图1-1中用汉字一~九所标示的九个区域。

为了便于说明解题技巧，我们在数独的题目上面增加了一行1~9的数字，在题的左边增加了一列A~I的字母。需要说明的是这一行和一列并不是数独题的一部分，只是为了便于讲解而加上去的，真正的数独题里面没有这些。

横行A指的是图1-1中字母A右边对应的一行，即从上边开始数第1行；横行B指的是字母B右边对应的一行，即从上边开始数第2行；依次类推。

第1列指的是图1-1中数字1下方对应的一列，即从左边开始数第1列；第2列指的是数字2下方对应的一列，即从左边开始数第2列；依次类推。

小九宫格"一"指的是图1-1中汉字"一"对应的九宫格，即上左区域的小九宫格；小九宫格"二"指的是图1-1中汉字"二"对应的九宫格，即上中区域的小九宫格；依次类推。

单元格A1指的是横行A与第1列交叉的单元格，即图1-1中最左上方的单元格；单元格A2指的是横行A与第2列交叉的单元格，即图1-1中最上方一行的左数第二个单元格；依次类推。

数独游戏的基本规则就是：每一行、每一列、每个小九宫格中的小单元格都必须填入1~9这九个数字；1~9这九个数字在每一行、每一列、每个九宫格中只能出现一次。

这个规则是不是看起来很简单呢？就是这样一个看似简单的游戏规则，却蕴涵着无限的乐趣。

二、简单谜题解题过程

理解了数独游戏的规则之后，让我们来看一道题的解题过程吧。图1–2是一道简单的数独题。

		7	3		1	4		
	4	5				1	2	
9	2						3	8
			8		7			
	5						7	
			4		9			
7	3						6	4
	6	9				3	5	
		2	6		3	9		

图 1–2

如图1–3所示，观察A、B、C这三行，从1起依次观察到9。可以看出小九宫格二和小九宫格三中都有一个数字1，分别在A6单元格和B7单元格。由于A6单元格中有数字1，所以横行A中不会再有数字1。同样由于B7单元格里有数字

1,所以横行B中也不能再有数字1。此时观察小九宫格一,数字1必定在单元格C3中。

同样,由于横行B的B8单元格和横行C的C2单元格都是数字2,所以小九宫格二中的数字2必定出现在A5单元格中。

再观察数字3,A4单元格为数字3,所以横行A中不会再有3,C8单元格为数字3,所以横行C中也不会再有3,而且前面已经确定C3单元格为数字1,所以小九宫格一中的B1单元格必定为数字3。

再往后看,从4~9似乎都无法确定该填的正确位置。

	1	2	3	4	5	6	7	8	9
A			7	3	②	1	4		
B	③	4	5				1	2	
C	9	2	①					3	8
D				8		7			
E		5						7	
F				4		9			
G	7	3						6	4
H		6	9				3	5	
I			2	6		3	9		

图 1-3

此时我们看到小九宫格一只差两个单元格就填满了,两个单元格中差的是数字6和8。我们再接着往下看,如图1-4所示,由于单元格H2为数字6,所以第2列中其他位置中不会有数字6,那么数字6就必定应该出现在A1单元格中了。随着A1单元格的确定,A2单元格也就自然地确定为数字8了。小九宫格一也就填满了。怎么样,是不是很简单啊?

	1	2	3	4	5	6	7	8	9
A	⑥	⑧	7	3	2	1	4	⑨	⑤
B	3	4	5				1	2	
C	9	2	1					3	8
D				8		7			
E		5						7	
F				4		9			
G	7	3						6	4
H		6	9				3	5	
I			2	6		3	9		

图 1-4

我们再来观察横行A会发现,其中只剩下单元格A8和A9是空着的,应该填入的是数字5和9。顺着这两个空格往下看,我们会发现H8单元格为数字5,所以第8列中不会再有数字5了,则在横行A中数字5必定出现在A9单元格,同时可以确定A8单元格为数字9。这样横行A中的数字也就全部填完了。

现在前三行中能确定的数基本上都填完了，我们可以继续往下看中间三行。如图1-5所示，自1起观察，由于给定的线索比较少，似乎1～3都找不到应该填入的位置，那么就往下接着观察4。

	1	2	3	4	5	6	7	8	9
A	6	8	7	3	2	1	4	9	5
B	3	4	5				1	2	
C	9	2	1					3	8
D		⑨		8		7		④	
E		5						7	
F		⑦		4		9			
G	7	3						6	4
H		6	9				3	5	
I		①	2	6		3	9		

图 1-5

由于横行F中F4单元格为数字4，所以横行F中不会再有数字4，此时观察小九宫格六，它里面还有D7、D8、D9、E7、E9单元格可能会出现数字4。此时向外排查，发现A7、G9单元格为数字4，则第7列和第9列中不会再出现4，那么在小九宫格六中，数字4必定出现在D8单元格。

继续往下考察数字，由于5、6给定的线索也不是很多，所以我们来看数字7。我们看到D6、E8单元格为数字7，所以横行D、E中不会再有数字7，此时观察小九宫格四，数字7只能出现在F1、F2、F3单元格中，我们顺着这三个格子往外排查，会发现G1、A3单元格为数字7，因此可以断定在小九宫格四中，数字7在F2位置。

再看数字8好像没有什么线索，我们就考察数字9。单元格F6为数字9，所以横行F不会再有9，我们看到小九宫格四中，数字9还有5个位置可以填入。此时向外排查，我们会发现第1列、第3列中的C1、H3单元格为9，所以第1、3列不会再有9，则在小九宫格四中，数字9必定在D2单元格内。

此时第2列中只有I2单元格为空的，应该填入唯一缺少的数字1。至此，中间三行能填入的数字也基本填完。

看完中间三行后，我们再看后三行。如图1-6所示，从数字1开始观察，I2单元格为数字1，所以横行I中不会再有数字1，此时观察小九宫格九，数字1只可能出现在G7、H9单元格内，往上排查会发现B7单元格为1，则在小九宫格九中数字1必定出现在H9单元格内。

接下来继续考察数字2，由于I3单元格为数字2，所以横行I中不会再有2，则在小九宫格九中，数字2必定出现在G7单元格内。

往下继续考察，数字3在后三行中已经全部填完，数字

4的线索暂时不够,我们就来看数字5。横行H中的H8单元格为数字5,则横行H中不会再有5,在小九宫格七中,数字5只能出现在G3、I1单元格内,向外排查我们会发现B3位置为5,则第3列不会再有5,那么I1单元格必定为5。

	1	2	3	4	5	6	7	8	9
A	6	8	7	3	2	1	4	9	5
B	3	4	5				1	2	
C	9	2	1					3	8
D		9		8		7	4		
E		5					7		
F		7		4		9			
G	7	3	⑧				②	6	4
H	④	6	9				3	5	①
I	⑤	1	2	6	④	3	9	⑧	⑦

图 1-6

此时我们看到小九宫格七和九中都只剩两个空白单元格。先来看小九宫格七,还差数字4、8,向外排查发现G9为4,则H1为4,G3为8。

再看小九宫格九,还差数字7、8,向外排查发现C9单元格为数字8,则I8为8,I9为7。

观察完所有行之后,让我们再从左三列开始观察。如图

1-7所示，依然是从数字1起观察到9。由于线索有限，其他数字都无法确定，我们来看数字4。第1列中的H1单元格为数字4，所以在小九宫格四中，数字4必定出现在第3列，此时横向排查，发现D8、F4单元格为4，则小九宫格四中的数字4必定出现在E3单元格。至此，左三列中似乎暂时没有能确定的数字。同理再观察中间三列，自数字1开始观察到9。其他数字没有足够线索，也是只能看数字4。由于F4、I5为4，所以小九宫格二中，只有B6、C6单元格可以填入4，横向排查会发现B2单元格为数字4，则小九宫格二中，数字4必定在C6单元格内。

	1	2	3	4	5	6	7	8	9
A	6	8	7	3	2	1	4	9	5
B	3	4	5				1	2	
C	9	2	1			④		3	8
D		9		8		7		4	
E		5	④					7	
F		7		4		9			
G	7	3	8				2	6	4
H	4	6	9				3	5	1
I	5	1	2	6	4	3	9	8	7

图 1-7

观察完前三列和中间三列，再来观察最后三列，如图1-8所示，还是从数字1开始观察到9。首先发现第8列中只剩下F8单元格是空的，应该填入唯一缺少的数字1。

再看小九宫格三中，还缺少数字6、7，往外排查会发现I9单元格为7，则小九宫格三中，C7为7，B9为6。

	1	2	3	4	5	6	7	8	9
A	6	8	7	3	2	1	4	9	5
B	3	4	5				1	2	⑥
C	9	2	1			4	⑦	3	8
D		9		8		7		4	
E		5	4					7	
F			7		4		9	①	
G	7	3	8				2	6	4
H	4	6	9				3	5	1
I	5	1	2	6	4	3	9	8	7

图 1-8

至此，我们已经对行和列做了"地毯式"观察。如果再来一遍，一般的简单谜题还能找到更多的答案，但此时也可以寻找某些数字比较多的行、列、小九宫格作为突破口，会更加快速地破解谜题。

如图1-9所示，此时观察横行C，只剩两个位置，还缺数字5、6。往下排查会发现，I4单元格为数字6，所以在横行C中，数字6必定在C5单元格，从而确定C4单元格为数字5。

接下来我们会看到小九宫格二中，剩下了三个空白单元格，应该填入的是数字7、8、9。我们往外排查，会发现在第6列中同时出现了7和9两个数字，分别是D6单元格的7和F6单元格的9，所以第6列中不会再出现数字7和9，那么对于小九宫格二来说，B6位置必定为数字8。

PART 1

	1	2	3	4	5	6	7	8	9
A	6	8	7	3	2	1	4	9	5
B	3	4	5			⑧	1	2	6
C	9	2	1	⑤	⑥	4	7	3	8
D		9		8		7		4	
E		5	4			⑥		7	
F		7		4		9		1	
G	7	3	8			⑤	2	6	4
H	4	6	9			②	3	5	1
I	5	1	2	6	4	3	9	8	7

图 1-9

再来观察第6列，剩下三个单元格，还缺少数字2、5、6，由于横行G中的G7和G8单元格分别为2和6，所以G6单元格必定为数字5。又由于H2单元格为数字6,所以H6单元格应为数字2,E6单元格也就为数字6。

接下来,我们来观察横行H,如图1-10所示,其中缺少数字7、8,往上排查我们会发现D4单元格为数字8,因此横行H中H4单元格为7,H5单元格为8。

确定了H4单元格为7之后,我们来看小九宫格二,会推断出B5为7,B4也就为9。

此时看第4列,还缺少数字1和2。横向排查会看到G7为2,所以第4列中E4单元格为2,G4为1。确定了G4为1之后也就确定了G5为数字9。

	1	2	3	4	5	6	7	8	9
A	6	8	7	3	2	1	4	9	5
B	3	4	5	⑨	⑦	8	1	2	6
C	9	2	1	5	6	4	7	3	8
D		9		8		7		4	
E		5	4	②		6		7	
F			7	4		9		1	
G	7	3	8	①	⑨	5	2	6	4
H	4	6	9	⑦	⑧	2	3	5	1
I	5	1	2	6	4	3	9	8	7

图 1-10

接下来我们继续根据已知线索来排查,如图1-11所示,观察到横行D、F以及第7列中都有数字9,所以在小九宫格六中能够确定E9单元格为数字9。

同理,由于第1、7列中有数字3,所以在横行E中数字3必定在E5单元格。

第7列中有1,因此横行E中E7为8,E1为1。

	1	2	3	4	5	6	7	8	9
A	6	8	7	3	2	1	4	9	5
B	3	4	5	9	7	8	1	2	6
C	9	2	1	5	6	4	7	3	8
D		9		8		7		4	
E	①	5	4	2	③	6	⑧	7	⑨
F		7		4		9		1	
G	7	3	8	1	9	5	2	6	4
H	4	6	9	7	8	2	3	5	1
I	5	1	2	6	4	3	9	8	7

图 1-11

如图1-12所示,首先观察第1列,其中有D1、F1两个空白单元格,缺少的数字是2和8,横向排查,我们就会发现D4单元格为数字8,所以在第1列中,D1单元格为2,F1单元格为8。

确定了D1单元格为2之后，观察第9列就能判断出F9为2，D9为3。

接着看第3列就能判定F3为3，D3为6。

再看第7列，可以确定F7为6，D7为5。

最后剩下的两个空格也自然确定为F5为5，D5为1。

到这里，整个谜题已经全部解答完毕。怎么样，是不是感觉很容易？先别着急高兴，这只是比较简单的题目，所以用最基本的方法就能解答出来。如果遇到了难题，这样是肯定做不出来的，到时候就会需要更高级的技巧。

	1	2	3	4	5	6	7	8	9
A	6	8	7	3	2	1	4	9	5
B	3	4	5	9	7	8	1	2	6
C	9	2	1	5	6	4	7	3	8
D	②	9	⑥	8	①	7	⑤	4	③
E	1	5	4	2	3	6	8	7	9
F	⑧	7	③	4	⑤	9	⑥	1	②
G	7	3	8	1	9	5	2	6	4
H	4	6	9	7	8	2	3	5	1
I	5	1	2	6	4	3	9	8	7

图 1-12

解数独题的时候，不需要任何数学运算知识，只要认识

1~9这九个数字即可。数独题主要锻炼的是人的推理能力、逻辑思维能力、分析能力和观察能力。数独的解题方法都是基于数独的规则而来的,基本上分为两大类,即直观法和候选数法,后面我们会结合案例分别介绍这两大类解题方法。

下面我们就来逐个学习一下所有的技巧吧!

三、初级技巧:直观法

直观法是初学者的首要解题方法。

顾名思义,直观法是用眼观察题后直接填入数字的方法。直观法是几种简单解数独方法的总称,包括单元限定法、单元排除法、区块排除法、唯一余解法、矩形排除法等。

直观法比较简单,它是通过推理和逻辑分析来确定哪个格填哪个数,或是哪个数填在哪个格里,初学者很容易上手。用直观法解决的谜题一般比较简单。下面介绍几种常用的直观法。

1.单元限定法

此处的单元指的是行、列或小九宫格。使用此种方法时有三种情况:当某行有八个单元格中已有数字,或当某列有八个单元格中已有数字,或当某个小九宫格有八个单元格中已有数字。如图1-13所示,该行已有八个单元格中有数字,根据规则,空白处必定为唯一缺少的数字5。

9	6	7		2	4	3	8	1

图 1-13

单元限定法是直观法中最简单的方法。基本上只需要看谜题，推理分析一概都用不上，所需满足的条件十分明显。直观法只能处理很简单的谜题，或是在处理较复杂谜题的后期才用得上。

2.单元排除法

单元排除法就是在某一单元（即行、列或小九宫格）中找到能填入某一数字的唯一位置，也就是把单元中其他的空白位置都排除掉。

单元排除法是也根据规则而来的，即如果某行中已经有了某一数字，则该行中的其他位置不可能再出现这一数字；如果某列中已经有了某一数字，则该列中的其他位置不可能再出现这一数字；同样的，如果某小九宫格中已经有了某一数字，则该小九宫格中的其他位置不可能再出现这一数字。

下面看一个在九宫格中使用单元排除法的例子。如图1–14所示，小九宫格六中有六个单元格是空的，由于横行D、第7列和第8列中已经各有一个数字2，在横行D、第7列和第8列中其他位置不会再有数字2的存在，因此小九宫格六中带阴影的空单元格都不可能有数字2，那么小九宫格六中的E9单元格就肯定是填数字2了。

图 1-14

图 1-15

接下来再看在行中使用单元排除法的例子。还是这道题，请看图1-15，在横行C中有四个单元格是空的，由于第2、3、5列中已经各有一个数字4，所以单元格C2、C3、C5中都排除了出现数字4的可能性，那么横行C中的C1单元格就肯定是数字4了。

同样道理，在列中也可使用单元排除法，这里就不再举例介绍了。

需要注意的是，在平时的解题过程中，各行、列、九宫格之间的关系不一定像以上简单示例中这么容易看出来，这就需要我们仔细观察，从数字1开始，依次在每一个单元中排除，然后考察数字2，这样依次类推下去。单元排除法是解决数独谜题时使用最频繁的方法。

3.区块排除法

区块排除法实际上是利用小九宫格与行或列之间的关系来实现的，这一点与单元排除法非常相似。

区块排除法包括以下四种情况：①当某数字在某个小九宫格中可填入的位置正好都在同一行上，因为该小九宫格中必须要有该数字，所以这一行中不在该小九宫格内的单元格上将不能再出现该数字；②当某数字在某个小九宫格中可填入的位置正好都在同一列上，因为该小九宫格中必须要有该数字，所以这一列中不在该小九宫格内的单元格上将不能再出现该数字；③当某数字在某行中可填入的位置正好都在同一小九宫格上，因为该行中必须要有该数字，所以该小九宫格中不在该行内的单元格上将不能再出现该数字；④当某数字在某列中可填入的位置正好都在同一小九宫格上，因为该列中必须要有该数字，所以该小九宫格中不在该列内的单元格上将不能再出现该数字了。

下面以实例展示运用区块排除法解题，如图1-16所示。

	1	2	3	4	5	6	7	8	9
A		5	3		6			4	
B				8				5	
C		9	1	5					
D	×	×	×		9				1
E	?	×	?		1		2		
F	7	×	5						4
G									6
H	1		6	4				8	
I					5		9		

图 1-16

首先看D5单元格的位置是数字9，因此横行D中的其他位置就不会存在数字9，也就是说小九宫格四的D1、D2、D3位置都不会有数字9；接着看到C2单元格的位置也是数字9，因此第2列的其他位置也就不会存在数字9，这样就排除了D2、E2、F2的位置出现数字9的可能。这样下来，小九宫格四里面只剩下E1和E3的位置有可能出现9，换句话说，小九宫格四里面的数字9必定出现在横行E中，即图中的问号位置。根据小九宫格四里面数字9必定出现在横行E中可以推出，横行E中不在小九宫格四里面的位置必定没有数字9，即E8、E9中不可能有数字9，如图1-17所示。再根据D5单元格的位置是9，可以推断出横行D中其他的位置都不可能是数字9了，也就是说D7、D8单元格都不会是数字9。又根据I7单元格的位置是数字9，可以推出第7列中其他位置都不可能存在数字9，因此D7、F7中也不存在数字9。综合上述推断，数字9在小九宫格六中只能出现在F8单元格。

图 1-17

区块排除法的应用范围虽然不如单元排除法那样广泛，但经常会遇到用单元排除法无法找到解的情况，这时如能运用区块排除法，或许会柳暗花明又一村。

4.唯一余解法

唯一余解法是指如果某一单元格所在的行、列及小九宫格中共出现了八种不同的数字，那么该单元格可以确定地填入还未出现过的数字。

如图1–18所示，C9单元格所在的行、列及小九宫格中共出现了八种不同的数字，因此根据唯一余解法，该位置肯定是未出现的数字2。

	1	2	3	4	5	6	7	8	9
A								1	3
B	9		3	2	7				4
C	7	4		6			9		②
D		9	6			7			
E	8	2						7	5
F				4			8	6	
G			9			6		4	8
H	4				3	8	5		6
I	6	5							

图 1–18

5.矩形排除法

矩形排除法包括以下两种情况：如果一个数字在某两行

中能填入的位置只能在同样的两列中，则这两列上其他的单元格中将不可能再出现这个数字；或者如果一个数字在某两列中能填入的位置只能在同样的两行中，则这两行的其他的单元格中将不可能再出现这个数字。

如图1-19所示，由于小九宫格三里面的B9单元格位置是数字1，因此小九宫格中的其他位置不可能为数字1，这也就排除了C8、C9位置是数字1的可能，所以在横行C中，只剩下C1和C5的位置有可能是数字1；同样由于小九宫格六中的F8单元格为数字1，因此小九宫格六中其他位置也不可能为数字1，也就将D7的位置为1的可能排除掉了，这样在横行D中只剩下D1和D5的位置可能是数字1。

	1	2	3	4	5	6	7	8	9
A	×	9			2		8	7	4
B	4	8	5	9	7	6	3	2	1
C	?	2	7	4	?	8	5	×	×
D	?	4	8	7	?	2	×	3	5
E	×		3		×		2		
F	2				×			1	
G	×		2	6	×	4	7	8	3
H	8			3	5	7		2	
I	7	3		2	8	①		5	

图 1-19

从图中可以看出，数字1在横行C和横行D中能填入的位置刚好在第1列和第5列内，这样就构成了矩形排除法的适用条件。因此第1列中除了C1和D1外其他位置都不可能有数字1，第5列中除了C5和D5外其他位置也都不可能会出现数字1。由上面可以推出G5单元格不是数字1，因此小九宫格八里面唯一剩下的I6单元格中就肯定为数字1了。

矩形排除法是直观法中最难的方法，虽然它的原理比较简单，但即使谜题中满足使用这一方法的条件，也很难看得出来，因此这种方法需要玩家有比较熟练的技巧。

6.撑点定位法

当某个小九宫格中有一行已有3个数字时，我们将这3个数所在的行称为"撑"。这时，在该行上另外两个小九宫格中的另外两行上寻找该小九宫格中不存在的数字，将该数所在的位置称为"点"。那么，"点"上的数字在"撑"所在的九宫格中必然位于"撑"和"点"所在行以外的另一行；同时，"点"上的数字在"撑"和"点"以外的另一九宫格中位于"撑"所在的行上。

如图1-20所示，小九宫格六中的F行已经填满数字5、4、1，此时5、4、1就已经构成了"撑"。而在F行上的小九宫格四和小九宫格五中出现的小九宫格六中不存在的数字为E2格中的数字6，那么E2格中的数字6即为"点"。根据撑点定位法，在小九宫格六中，“点”上的数字6不会出现在E行和F行，我们就很快可以推断出数字6在小九宫格六中只能出现在D行，即只能出现在D7格。同时，我们还可以推断出数字6在小九宫格五中只能出现在“撑”所在的F行，又已知A6和I4格中已有数字6，所以数字6只能出现在F5格。

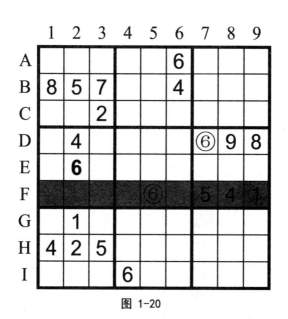

	1	2	3	4	5	6	7	8	9
A						6			
B	8	5	7			4			
C			2						
D		4					⑥	9	8
E		**6**							
F					⑥		5	4	1
G		1							
H	4	2	5						
I				6					

图 1-20

怎么样，撑点定位法是不是既快速又高效呢？上面所述的是针对行的情况，撑点定位法对于列也同样适用。即：当某个小九宫格中有一列已有3个数字时，我们将这3个数所在的列称为“撑”。这时，在该列上另外两个小九宫格中的另外两列上寻找该小九宫格中不存在的数字，将该数所在的位置称为"点"。那么,"点"上的数字在"撑"所在的九宫格中必然位于"撑"和"点"所在列以外的另一列;同时,"点"上的数字在"撑"和"点"以外的另一九宫格中位于"撑"所在的列上。

如图1-21所示,小九宫格一中的第2列已经填满数字3、5、9,已构成"撑"。此时观察第2列所在的其他两个小九宫格,即小九宫格四和小九宫格七。观察这两个小九宫格中的其他两列(1列和3列),发现小九宫格一中不存在的数字4,就构成了"点"。同样的,根据撑点定位法,则在小九宫格一中,数字4必定出现在第3列中。此时横向排查,已知B6为4,则可以断定小九宫格一中,A3为4。

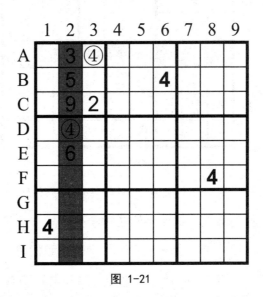

图 1-21

同时,我们还可以推出,数字4在小九宫格四中必定位于"撑"所在的2列,又已知F8为数字4,则数字4必定在D2单元格内。

因此在解题过程中,我们应该学会熟练地在行、列上交叉使用撑点定位法,从而加快解题速度。

如图1-22所示,在小九宫格一中C行构成了"撑",A9格中的数字9可视为"点"。由撑点定位法,我们可以推测出数字9在小九宫格一中必定位于B行,但缺少其他提示条件,因此数字9在小九宫格一中的位置不能确定。但是,我们这时可以推出数字9在小九宫格二中位于C行,又由于E6格、G5格中已有数字9,所以C4格必定为数字9。

	1	2	3	4	5	6	7	8	9
A	7				6				9
B							8	7	
C	8	3	2	⑨					
D	3		9		7	⑥			8
E		8			5	9			
F					4	1	9		2
G				5	9			8	
H				1	8				
I					⑥				3

图 1-22

我们继续观察,会发现小九宫格五中,第5列上也已形成了"撑",继而我们会发现位于A4格的"点"。根据撑点定位法,我们很容易推断出数字6在小九宫格五中位于第6列,因此必定是D6格中为数字6。同时,我们还可以推断出数字6在小九宫格八中位于第5列,结合其他已知数,数字6必定位于I5格。

7.逐行、逐列依次扫描法

在这里所说的逐行、逐列依次扫描法,与其说是一种独立的方法,不如更确切地说是将直观法综合应用的一种技巧,是以上介绍的各种直观法的综合应用。

	1	2	3	4	5	6	7	8	9
A	9			2	1	4			6
B			8						9
C	6	2		8	⑨	7			
D		9	3			5		8	
E		7	6	9		2		5	1
F			2						
G		8	1	4		3	6		7
H			9	7				2	5
I		4			5			3	8

图 1-23

如图1-23所示,在我们拿到这道谜题时,先不用急于着眼某一行或者某一列甚至是某一个九宫格,首先观察前三行,也就是前三个小九宫格。自1至9依次排查每个数字,如果数字1没有足够的线索就直接观察数字2。

　　这里以数字9为例，A、B两行分别已有一个数字9，那么这两行的其他空格中不再可能有数字9出现；再来看这三个九宫格，一、三两个九宫格中已有数字9出现，那么只剩下第二个九宫格中数字9位置还不确定，因不可能出现在A、B两行，那么必然在C行，明显看到只有一个空格C5，因此这个空格能填的数字就是9。

　　同样的方法也适用于中间的三行和后面的三行。

　　这种以三个九宫格为单位的扫描法，对竖列的三个九宫格也同样适用。

	1	2	3	4	5	6	7	8	9
A	9			2	1	4			6
B			8						9
C	6	2		8	9	7			
D		9	3			5		8	
E		7	6	9		2		5	1
F			2				⑨		
G		8	1	4		3	6	⑨	7
H			9	7				2	5
I		4			5	⑨		3	8

图 1-24

　　如图1-24中灰色区域所示。还是以数字9为例，在这里刚刚推理确定的C5处数字9就可以派上用场了。观察可知，第4、

5列中均已出现数字9，且分别位于九宫格二和五中，那么第八个九宫格中的数字9必将位于第6列中，这时观察到H行中已有数字9，因此只可能是I6处填数字9。这时，您也一定能发现，在最后三行的九宫格中，第九个九宫格中数字9的位置也就可以确定在G8处。进而，根据数字9在D、E行和8、9列的位置可以很明确地判断出最后一个数字9的位置应该在F7处。

至此，该数独题中数字9的位置就全部推理出来了。怎么样，这种扫描法是不是既简单、方便又很高效？值得说明的是，在以上解题过程中我们也同时运用了另外一种技巧，就是"盯住"一个数"跟踪"到底，在实际解题过程中，往往我们可以"盯住"的数字并不是一个或者两个，也有可能有的数字并不能根据以上简单的方法"一推到底"，在这里，我们只是提示您这种高效的扫描方法。当我们拿到一道谜题后，首先对前三行、中三行和后三行分别依次排查1～9的情况，再对左三列、中三列和右三列分别依次排查，往往能取得很多成果。对初、中级谜题，再重复排查有时还会有所收获。相信您只要用了就会体会到这种方法事半功倍的效果。

四、中级技巧：候选数法

候选数法是在使用直观法基本不再有进展的情况下，根据行、列、小九宫格中已有的数字，推测各个空白单元格内可能出现的数字。

	1	2	3	4	5	6	7	8	9
A	**1**	3 5 7	**8**	3 4 5	3 4	**2**	4 9	**6**	4 7 9
B	**6**	3 5 7	3 5 7	3 4 5	**9**	**8**	**2**	**1**	4 7
C	**2**	**4**	**9**	**7**	**6**	**1**	**8**	**3**	**5**
D	**7**	**6**	3 4 5	1 4 9	**2**	4 9	4 5 9	**8**	1 3 4 9
E	4 5	**1**	**2**	**6**	**8**	**3**	**7**	5 9	4 9
F	**8**	**9**	3 4	1 4	**5**	**7**	**6**	**2**	1 3 4
G	**9**	5 7	5 7	**2**	**1**	**6**	**3**	**4**	**8**
H	3 4 5	**8**	**6**	3 4 5 9	**7**	4 5 9	**1**	5 9	**2**
I	3 4 5	**2**	**1**	**8**	3 4	4 5 9	5 9	**7**	**6**

图 1-25

如图1–25所示，用直观法解到此时已经无法继续，就该使用候选数法了，将各个单元格中有可能出现的数字都用小数字标上。比如A2单元格，所在的行、列、小九宫格中总共出现了六种不同的数字，还差3、5、7没有出现，则在A2单元格中可能出现的数字只有3、5、7，于是就将这三个数填入到A2单元格中。同理将剩下的空白单元格中也填入相应的候选数，注意填候选数时，尽量写得小一点，并且按顺序填在空格上方位置，以便于采用后面介绍的方法逐个排查。

　　填写候选数时必须仔细、准确，确保不发生多数、少数和错数的差错，才能在后面的推理过程中获得正确的结果。

1.显式唯一法

　　显式唯一法是候选数删减法中最简单的一种方法，就是观察候选数表，如果哪个单元格中只剩下一个候选数，就可应用显式唯一法，在该单元格中填入这个数字，并在相应行、列和小九宫格其他单元格的候选数中删除该数字。

	1	2	3	4	5	6	7	8	9
A	1	349	358	7	458 9	6	45	458	2
B	4	2	58	158	145 8	3	9	7	68
C	479	467 9	578	125 89	124 589	245 89	3	145 68	68
D	6	137	4	125 9	123 579	257 9	8	59	9
E	5	8	27	29	6	247 9	2	3	1
F	23	13	9	125 8	123 58	258	7	56	4
G	234 79	347 9	1	256 89	257 89	257 89	46	468 9	367 89
H	379	5	6	4	789	789	1	2	378 9
I	8	479	27	3	279	1	46	469	5

图 1-26

显式唯一法虽简单，却是最有效的候选数删减法之一，尤其在谜题相对简单时，有时只用显式唯一法就可以解题。

如图1-26所示，B1单元格中只有唯一的候选数4，那么该位置就肯定是数字4，然后就应该把横行B中、第1列中以及小九宫格一里面其他位置中的候选数4划掉。同理可以推出该题中的D9、E7、H7中分别应该为数字9、2、1。

2.隐式唯一法

隐式唯一法是指若一个单元格内的候选数不止一个，但该单元格所在的行（或列、或小九宫格）内，只有它含有某一个数字，那么这个单元格就可以直接填这个数字。

观察图1-26中的C8单元格，有五个候选数1、4、5、6、8，但放到整个小九宫格三里面来看，只有C8位置出现了候选数1，因此该单元格就能确定为数字1了。

3.显式数对法

显式数对法是指在一个行（或列、或小九宫格）中，如果有两个单元格都包含且只包含相同的两个候选数，则这两个候选数字必然只能出现在这两个单元格中，因而不能再出现在该行（或列、或小九宫格）的其他单元格的候选数中。

如图1-27所示，在第3列中的B3和C3单元格里都包含且只包含数字8、9，因此根据显式数对法，8和9必然只出现在B3

和C3两个单元格中。此时，虽然还不能确定8和9的最终位置，仍可以推出A1单元格为7，C1单元格为1。同理，第3列中的其他位置不能出现候选数8、9，所以单元格I3中只能为数字6。再继续观察，可依次推出F3单元格中为3，H3单元格中为4。

	1	2	3	4	5	6	7	8	9
A	7 8 9	**3**	**5**	**1**	**6**	2 4 7 8	2 8 9	4 9	2 4 8 9
B	**4**	**2**	8 9	3 5 7 8 9	3 5 7 8	5 7 8	1 6 8 9	3 9	1 3 6 8 9
C	1 8 9	**6**	8 9	2 3 8 9	2 3 4 8	2 4 8	**5**	**7**	1 2 3 4 8 9
D	1 3 6 8 9	1 8	**7**	**4**	1 2 3 8	1 2 6 8	1 2 6 9	**5**	1 2 6 9
E	1 6 9	**4**	**2**	5 6 7	1 5 7	1 5 6 7	**3**	**8**	1 6 9
F	1 3 6 8	**5**	3 6 8	2 3 6 8	1 2 3 8	**9**	**7**	4	1 2 4 6
G	2 3 5 7 8	**9**	**1**	2 5 7 8	2 4 5 7 8	2 4 5 7 8	8	**6**	3 5 8
H	3 5 6 8	8	3 4 6 8	5 6 8	1 4 5 8	1 4 5 6 8	8 9	**2**	**7**
I	2 5 6 7 8	7 8	6 8	2 5 6 7 8	**9**	**3**	**4**	**1**	5 8

图 1-27

图1–27中，B3与C3数对恰好同时处于九宫格一中，并且同时出现在第3列中，起作用的范围比较大。如果符合显式数对法条件的两个单元格出现在某个九宫格中，但不处于同一行（或列），则其直接作用的范围仅限于该九宫格中。类似地，

如果符合显式数对法条件的两个单元格处于某一行（或列），但不属于同一个九宫格，则其作用范围主要限于该行（或列），不能依此在九宫格中删除相应数字。

如图1-28所示，在小九宫格八中，单元格H4、I5符合显式数对法条件，但这两个单元格不在同一行（或列）中，因此作用范围只在小九宫格八中，可以将H5中的候选数1、4删除。

又如横行F中，单元格F3、F4符合显式数对法，但这两个单元格不在同一九宫格中，因此作用范围只限于横行F中。

	1	2	3	4	5	6	7	8	9
A			6	8		1	5		3
B		5		7			1	8	
C					5	4		2	6
D			5	9		3			
E	2			6		5	3		9
F	1 3 4 6 9	1 3 6 9	1 4	1 4	7	2	8	1 4 5 6	1 4 5
G		4		5	3	6 7 9		8	
H		8		3	1 4	1 4 6 9	6 7 9		
I	5		9	2	1 4		8	6 3 7	

图 1-28

4.隐式数对法

隐式数对法的条件是在同一行（或列、或小九宫格）中，虽然表面上没有符合显式数对法的条件存在，却可以发现两个数字正好只出现且都出现在两个单元格中，则这两个单元格的候选数中的其他数字可以被删除。其他候选数被删除后，隐式数对就变成了显式数对。

	1	2	3	4	5	6	7	8	9
A	**2**	**7**	3 4 5	**6**	4 5	**9**	3 4	**1**	**8**
B	5 8	1 8 9	4 5 9	1 2 4 5	**7**	**3**	2 4 6 9	2 6 9	4 9
C	**6**	1 9	3 4 9	1 2 4	1 2 4	**8**	**5**	**7**	3 4 9
D	**4**	**3**	**8**	1 2	**6**	1 2 7	2 7 9	2 9	**5**
E	**1**	**5**	2 7	**9**	**8**	**4**	2 7	**3**	**6**
F	**9**	**6**	2 7	2 3 5	2 3 5	2 7	**8**	**4**	**1**
G	3 5 8	**2**	**1**	3 4	3 4 9	**6**	3 4 9	5 8 9	**7**
H	3 5 8	8 9	3 5 6 9	**7**	1 2 3 4 9	1 2	1 3 4 6 9	5 6 8 9	3 4 9
I	**7**	**4**	3 6 9	**8**	1 3 9	**5**	1 3 6 9	6 9	**2**

图 1-29

如图1-29所示，在横行G中，数对5和8全出现且只出现在G1和G8单元格中，根据隐式数对法，可以将G1单元格中的3删掉，将G8单元格中的9删掉，这样G1、G8单元格中只剩下5和8了。

使用隐式数对法时要仔细观察，一是为了发现“隐藏的秘密”，二是为了避免虚假误判。

5.显式三数集法

显式三数集法是将显式数对法进行的推广，是指在一个行（或列、或小九宫格）中，如果有三个单元格都包含且只包含某三个候选数中的两个或三个，则这三个数字便不能再出现在该行（或列、或小九宫格）的其他单元格的候选数中。

	1	2	3	4	5	6	7	8	9
A	2 4 9	**5**	**3**	6 9	2 6 8 9	2 6 8 9	**7**	**1**	4 8
B	2 7 9	2 6 7 8 9	6 7 8	1 6 7 9	**3**	**4**	6 8 9	5 6 8 9	5 8
C	4 7 9	6 7 8 9	**1**	**5**	6 8 9	6 7 8 9	**2**	3 4 6 8 9	3 4 8
D	1 3 4 5 7 9	1 3 7 9	4 5 7	**2**	4 5 8 9	3 7 8 9	1 4 8	3 4 5 7 8	**6**
E	**6**	1 2 3 7	4 5 7	3 4 7	4 5 8	3 7 8	1 4 8	3 4 5 7 8	**9**
F	**8**	2 3 7 9	4 5 7	3 4 6 7 9	4 5 6 9	**1**	4	3 4 5 7	2 3 4 5 7
G	1 7	1 6 7 8	**2**	1 4 6 9	1 4 6 9	**5**	**3**	4 6 7 8 9	1 4 7 8
H	1 3 5	1 3 6	5 6	**8**	**7**	2 3 6 9	1 4 6 9	4 6 9	1 4
I	1 3 7	**4**	**9**	1 3 6	1 6	3 6	**5**	**2**	1 7 8

图 1-30

PART 1

第一种情况，如图1-30所示，在第3列中的D3、E3、F3单元格里都包含且只包含4、5、7三个候选数，因此这三个数字只能出现在第3列的这三个单元格内，不能出现在该列的其他单元格中，由此可以推断出H3单元格应为数字6。

	1	2	3	4	5	6	7	8	9
A				3 8 9	1	6	7	5	4
B		5		3 4 7 8 9	8 9	3 8 9	6		2
C			6	4 7 8	5	2	9		3
D	5			1	7	4		6	
E				5	6		3		
F	4	6			2		1	7	5
G				6	3	1	5		
H	6		5	2	4	7	8	9	
I	1	7	2			5			

图 1-31

第二种情况，如图1-31所示，A4、B6单元格中的候选数为3、8、9，B2单元格中的候选数为8、9。此时小九宫格二中这三个单元格也可以使用显式三数集法，将3、8、9从小九宫格二的其他单元格的候选数中删除。因为无论这三个单元格中取哪个候选数，最终在小九宫格二中3、8、9这三个数都只能出现在这三个单元格内。

第三种情况，如图1-32所示。在横行B中，B1、B2、B3单元格中的候选数分别为1、6、9，6、9，1、6，此时这三个单元格符合显式三数集法的条件。因为这三个单元格无论取何值，数字1、6、9都必定只出现在横行B的这三个单元格内，因此可以将横行B中其他位置单元格内的候选数1、6、9都删除掉。

	1	2	3	4	5	6	7	8	9
A	7								9
B	1 6 9	6 9	1 6	4	1 2 3 6 9	5	8	1 2 3 7	6 7
C		8	3	2					
D	3		9		7				8
E		8			5		6		
F					4		9		2
G				5			6	8	1
H			3	1	8	2			
I	5	1	8						3

图 1-32

第四种情况,如图1-33所示。在第7列中单元格C7、E7、H7分别为3、6,2、3,2、6,此时这三个单元格也符合显式三数集法的条件,可以将第7列的其他单元格中的候选数2、3、6删除。

	1	2	3	4	5	6	7	8	9
A	2		5	8	9	6	1 3 4	7	
B				7	3	5	8		
C	8		7	4	2	1	3 6	9	5
D	3			1		9	5	8	
E	1	7		5	8	4	2 3	6	
F		5	8	3		2	1 4		
G	4	9		2	5	8	7		
H	7		1	9	4	3	2 6	5	8
I	5	8		6	1	7	9		4

图 1-33

6.隐式三数集法

隐式三数集法和显式三数集法类似,是指某三个数只出现在某一行(或列、或小九宫格)的三个单元格中,且每一个单元格内包含这三个数中的两个或三个,则可以将其他数字从这三个单元格的候选数中删除。

如图1-34所示，在横行G中，数字1、3、7只出现在了G2、G3、G4单元格中，且每个单元格至少含有这三个数中的两个，根据隐式三数集法，可以将这三个单元格中除了1、3、7之外的其他候选数删除。

	1	2	3	4	5	6	7	8	9
A			4	9	3		7	8	1
B		8	9	1	6	7	4		
C	3					6			
D	7	4	8	2	1	9	3	6	5
E			3	4	5	8			7
F	1	2	5	6	7	3	9	4	8
G	5 8 9	1 3 5 7 9	1 7	3 5 7 8	4 8 9	4 5	2 8	2 9	6
H			6		2	1	5	7	4
I	4		2			6	1	3	

图 1-34

学会前面的游戏技巧后，初、中级谜题您都已经能轻松破解了，高级谜题乃至挑战级谜题也可试试。技巧要通过反复练习才能熟练应用，一旦掌握，数独将给您带来更多乐趣。

五、高级技巧：终级推理法

1.矩形顶点法

	1	2	3	4	5	6	7	8	9
A	**3**	5 7	4 5 7 8	**2**	4 5 6 7 8	**1**	4 6 8	6 7 8	**9**
B	1 7 8	1 2 7	**9**	4 6 7 8	3 4 6 7 8	3 4 8	**5**	1 6 7 8	1 2 4 6 8
C	1 5 7 8	**6**	1 2 4 5 7 8	4 7 8	4 5 7 8 9	4 5 8 9	1 2 4 8	**3**	1 2 4 8
D	1 6 7 9	**8**	1 3 7	**5**	1 7 9	**2**	1 3 6 9	**4**	1 6
E	**2**	1 5 9	1 3 5	1 4 8	1 4 8 9	4 8 9	1 3 6 8 9	1 6 8 9	**7**
F	1 5 7 9	**4**	1 5 7	**3**	1 7 8 9	**6**	1 8 9	**2**	1 5 8
G	1 7 8 9	**3**	1 2 7 8	1 4 6 8	1 2 4 6 8	4 8	1 2 4 6 8 9	**5**	1 2 4 6 8
H	1 5 8 9	1 2 5 9	**6**	1 4 8	1 2 3 4 5 8	3 4 5 8	**7**	1 8 9	1 2 4 8
I	**4**	1 2 5	1 2 5 8	**9**	1 2 5 6 8	**7**	1 2 6 8	1 6 8	**3**

图 1-35

矩形顶点法类似于直观法当中的矩形排除法，使用条件是：当某个候选数在某两行仅出现在相同两列上，则这个候选数就可以从这两列的其他单元格上删除掉；或者当某个候选数在某两列仅出现在相同两行上，则这个候选数就可以从

PART 1

这两行的其他单元格上删除掉。

下面先看删减发生在行上的矩形顶点法，如图1–35所示，在第2列和第8列中，候选数7都出现且只出现在行A和行B中，根据矩形顶点法，候选数7可以从行A和行B中的其他位置单元格中删除掉。

	1	2	3	4	5	6	7	8	9
A	**3**	2 5 9	4 5	**1**	2 5 7 9	**6**	2 4 9	2 4 7 9	**8**
B	2 4 9	**7**	1 4 5	2 3	2 3 5 9	**8**	1 2 3 4 9	**6**	2 3 9
C	**8**	1 2 9	**6**	2 3 7	2 3 7 9	**4**	**5**	1 2 3 7 9	2 3 7 9
D	**5**	**8**	3 4	**9**	**1**	**2**	**7**	3 4	**6**
E	2 4 7	1 2 3	1 3 4 7	**6**	**8**	3 5 7	2 3 4 9	2 3 4 5 9	2 3 5 9
F	**6**	2 3	**9**	**4**	3 5 7	3 5 7	**8**	2 3 5	**1**
G	7 9	3 5 9	**2**	**8**	**4**	1 3 7	**6**	1 3 5 7 9	3 5 7 9
H	7 9	**4**	3 5 7	2 3 7	**6**	1 3 7	1 2 3 9	**8**	2 3 5 7 9
I	**1**	**6**	**8**	**5**	2 3 7	**9**	2 3	2 3 7	**4**

图 1–36

下面再看删减发生在列上的矩形顶点法，如图1–36所示，在行A和行I中，候选数7出现且只出现在了第5列和第

PART 1

8列中,根据矩形顶点法,候选数7可以从第5列和第8列的其他单元格中删除掉。

注意矩形顶点法只能在行和列中应用,不能在小九宫格中使用。

2.XY形态配置法

XY形态配置法有两种形式的应用,我们先来说一下第一种形式。

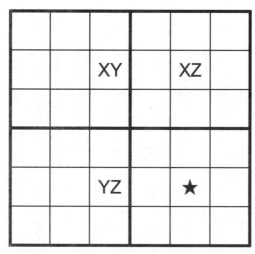

图 1-37

图1-37所示是四个相邻(也可以不相邻)的小九宫格,XYZ分别代表单个候选数,当三个单元格中的候选数有这样的对应关系时,可以断定星号所在的位置肯定没有候选数Z。这是因为:当XY取X值时,则与之同行的XZ只能取Z值,这样星号位置的单元格就不可能为Z值;当XY取Y值时,与之

同列的YZ只能取Z值,这样星号所示的位置还是不能取Z值。通过上面的分析,就可以知道,无论哪种情况下星号位置的单元格都不可能取Z值,我们就可以把候选数Z从星号位置的单元格中删除。

	1	2	3	4	5	6	7	8	9
A	5	4	3 9	3 8 9	7	1	2	3 8	6
B	2	6	1	3 5 8 9	3 8 9	4 5 9	4 8 9	7	3 8
C	8	3 9	7	2 3 6 9	2 3 6 9	2 4 6 9	4 9	5	1
D	4	7	6 9	1	2 6 9	8	5	3 6	2 3
E	3	2 8 9	6 8 9	2 6 7 9	5	2 6 7 9	1	6 8	4
F	1	2 5 8	5 6 8	4	2 6	3	7 8	9	2 7 8
G	7	1	4	6 8 9	6 8 9	6 9	3	2	5
H	9	3 5 8	3 5 8	2 3 5 7 8	1	2 5 7	6	4	7 8
I	6	3 5 8	2	3 5 7 8	4	5 7	7 8	1	9

图 1-38

首先来看第一种XY形态配置法的应用案例,图1-38中,单元格D3是XY,A3是XZ,D8是YZ,这三个单元格分别位于不同的小九宫格中。其中,X是9,Y是6,Z是3。根据第一种XY形态配置法，A8单元格中的候选数3将被删除。

XY形态配置法第二种形式的应用要比第一种广泛一些，下面来讲解一下第二种形式的应用。

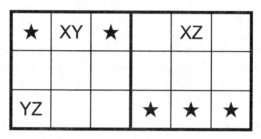

★	XY	★		XZ	
YZ			★	★	★

图1-39

图1–39所示是在两个相邻（或不相邻的）小九宫格中，XY和YZ在同一小九宫格的不同行中，而XY与XZ在不同小九宫格的同一行中，则图中的星号位置肯定可以删除候选数Z。这是因为：当XY取X值时，则与之同行的XZ肯定取Z值，那么XZ所在的行或小九宫格就不能再取Z值了；当XY取Y值时，则与之同小九宫格的YZ就必定取Z值了，那么YZ所在行或小九宫格中也不能再取Z值了。通过上面的分析得知，无论哪种情况下，星号所在的位置都无法取Z值了。

下面来看第二种XY形态配置法的应用案例，图1–40中，单元格A9是XY,A3是XZ,B7是YZ，XY和XZ在同一行，XY和YZ在同一小九宫格。其中，X是6，Y是8，Z是7。根据第二种XY形态配置法，B3单元格中的候选数7将被删除。

	1	2	3	4	5	6	7	8	9
A	1	(8 9)	(6 7)	5	4	(2 6 7)	3	(2 9)	(6 8)
B	2	(8 9)	(6 7)	(6 9)	3	1	(7 8)	5	4
C	5	4	3	(2 6 9)	8	(2 6 7)	(1 7)	(2 9)	(1 6)
D	4	7	8	1	2	5	6	3	9
E	3	6	5	8	9	4	2	1	7
F	9	2	1	7	6	3	4	8	5
G	8	(1 5)	4	(2 6)	(1 5)	(2 6)	9	7	3
H	7	3	2	4	(1 5)	9	(1 5 8)	6	(1 8)
I	6	(1 5)	9	3	7	8	(1 5)	4	2

图1-40

需要说明的是XY形态配置法的两种形式都有纵横向的变形。第一种的变形如图1-41所示，四个相邻（也可以不相邻）的小九宫格，XYZ分别代表单个候选数，当三个单元格中的候选数有这样的对应关系时，可以断定星号所在的位置肯定没有候选数Z。第二种的变形如图1-42所示。由于原理都一样，这里就不再展开介绍了，感兴趣的话可以亲自验证一下。

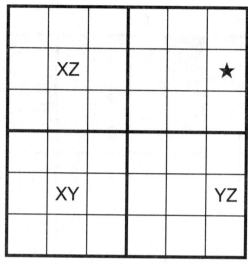

图 1-41

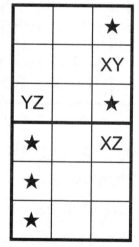

图 1-42

3.XYZ形态配置法

XYZ形态配置法与前面介绍的XY形态配置法类似,不同的地方是XYZ形态配置法中有一个单元格包含3个候选数。

如图1-43所示，XYZ表示该单元格有三个候选数，它与YZ在同一个小九宫格的不同列中，而与XZ在同一列的不同小九宫格中。在此形态下XYZ形态配置法就可以应用，可以将图中星号所在位置的候选数中删除Z。这是因为：当YZ取Z值时，YZ所在小九宫格的其他位置便不可能出现Z，那么星号所在位置自然不能取Z值；当YZ取Y值时，XYZ便不能取Y值，只能取XZ，这样便与另外一个小九宫格中的同一列上的XZ构成了显式数对法的应用条件，于是该列中的其他位置便不可能取Z值，那么也就是说星号所在的位置还是不能取Z值。综合上述分析，满足图1-43所示的条件，就可以应用XYZ形态配置法，将星号位置的候选数Z删除。

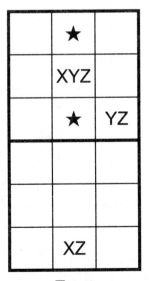

图 1-43

下面来看一个应用XYZ形态配置法的案例。如图1-44所示，单元格A5是XYZ，A6是YZ，H5是XZ。A5和B5在同一小九宫格的不同列中，A5和H5在同一列的不同小九宫格中。其中X是1，Y是3，Z是4，这样就满足了XYZ形态配置法的要求，可以排除C5单元格中的候选数4。

	1	2	3	4	5	6	7	8	9
A	**8**	1 2 4	**6**	**9**	1 3 4	3 4	2 3 7	2 3 7	**5**
B	1 2 3 5	**9**	1 2 3 5	1 3 5	**7**	3 5 6	2 3 6	**4**	**8**
C	3 5	4 5	**7**	**8**	3 4 6	**2**	**9**	3 6	**1**
D	5 6	**7**	5 8 9	3 4 5	3 4 6	**1**	3 4 5 6 8	3 6 9	**2**
E	**4**	1 5 6 8	1 5 8	3 5	**2**	**9**	1 3 5 6 8	1 3 6	**7**
F	1 2 5 6	**3**	1 2 5 9	**7**	**8**	4 5 6	1 4 5 6	1 6 9	4 6
G	1 2 3 6	1 2 4 6	1 2 3 4	1 3 4	**5**	3 4 7	1 2 4 6 7	**8**	**9**
H	**9**	1 2 4 5 8	1 2 4 5 8	**6**	1 4	4 7 8	1 2 4 7	1 2 7	**3**
I	**7**	1 4 6 8	1 3 4 8	**2**	**9**	3 4 8	1 4 6	**5**	4 6

图 1-44

和XY形态配置法一样，XYZ形态配置法也可以进行纵横向的变形。

PART 1

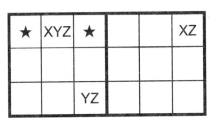

★	XYZ	★			XZ
		YZ			

图 1-45

图1-45所示的就是XYZ形态配置法的一种变形，图中星号位置的单元格中可以排除候选数Z。其依据的原理都是一样的，这里就不做进一步分析了。

	1	2	3	4	5	6	7	8	9
A	7	3 8	5	3 4	1	2 4 8	6	9	2 4
B	6	1 8	2	7	9	4 8	3	5	1 4
C	9	1 3	4	3 5 6	3 6	2 5 6	8	7	1 2
D	3	5	7	8	2	1	9	4	6
E	2	9	1	3 4 6	3 6	4 6	7	8	5
F	4	6	8	9	5	7	1	2	3
G	1	4	9	2	8	3	5	6	7
H	8	2	3	5 6	7	5 6	4	1	9
I	5	7	6	1	4	9	2	3	8

图 1-46

这里实例说明一下XYZ形态配置法变形后应用，如图1–46所示。图中单元格A6为XYZ，A9为XZ，B6为YZ。A6和A9在同一行的不同小九宫格中，A6和B5在同一个小九宫格的不同行中。其中X是2，Y是8，Z是4，根据变形后的XYZ形态配置法可以将单元格A4中的候选数4删除。

4.WXYZ形态配置法

WXYZ形态配置法是XYZ形态配置法的进阶方法，即其中一个单元格内有4个候选数。

	★	
	WXYZ	
	★	WZ
	XZ	
	YZ	

图 1–47

如图1-47所示，WXYZ表示该单元格内有四个候选数。它与WZ在同一个小九宫格的不同列中，而与XZ、YZ都处于不同小九宫格的同一列中，在此形态下WXYZ形态配置法就可以应用，可以将图中星号所在位置的候选数Z删除。这是因为如果WXYZ取W值时，同小九宫格中WZ就只能取Z值，则WZ所在小九宫格的其他位置就不能取Z值，那么图中星号位置的单元格就肯定不能取Z值；如果WXYZ取X值时，同列中的XZ就只能取Z值，则该列中其他位置的单元格就不能取Z值，那么图中星号位置的单元格就肯定不能取Z值；如果WXYZ取Y值时，同列中的YZ就只能取Z值，则该列行中其他位置单元格就不能取Z值，那么图中星号位置的单元格就肯定还是不能取Z值；如果WXYZ取Z值，则同小九宫格中的其他位置单元格就不能取Z值，那么图中星号位置的单元格依旧不能取Z值。从上面的分析来看，满足图1-39的形态时，无论WXYZ取何值，图中星号位置的单元格都不能为Z值，因此可以将Z值从星号位置单元格的候选数中删除，这就是WXYZ形态配置法。

下面来看一个应用WXYZ形态配置法的案例。如图1-48所示，单元格C1为WXYZ，B2为WZ，E1为XZ，I1

为YZ。C1与B2在同一小九宫格的不同列中，与E1、I1在不同小九宫格的同一列上。其中W为3，X为6，Y为9，Z为5。根据WXYZ形态配置法可以将A1单元格中的候选数5删除。

	1	2	3	4	5	6	7	8	9
A	5 8	**7**	**2**	**4**	**3**	**6**	**9**	1 5	1 5 8
B	**4**	3 5	1 5 8	1 7	2 5	**9**	3 5 7	**6**	1 2 5 7 8
C	3 5 6 9	3 5 6 9	1 5 6	1 7	2 5	**8**	3 4 5 7	1 4 5 7	1 2 4 5 7
D	**1**	4 5	**7**	**3**	**9**	**2**	**6**	**8**	4 5
E	5 6	4 5 6	**9**	**8**	**7**	**1**	**2**	4 5	**3**
F	**2**	**8**	**3**	**5**	**6**	**4**	**1**	7 9	7 9
G	3 5 6 7 8 9	3 5 6 9	5 6 8	**2**	4 5 8	3 5	4 5 7	1 4 5 7 9	1 4 5 7 9
H	3 5 7 8 9	**1**	5 8	9	4 5 8	3 5	4 5 7	**2**	**6**
I	5 9	**2**	**4**	**6**	**1**	**7**	**8**	**3**	5 9

图 1-48

WXYZ形态配置法也可以进行变形，图1-49就是其横向变形的结果。

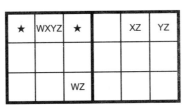

★	WXYZ	★		XZ	YZ
		WZ			

图 1-49

下面来看一下变形后的应用，如图1-50所示。

	1	2	3	4	5	6	7	8	9
A	3 6	**2**	**1**	**4**	3 8	**7**	**9**	**5**	6 8
B	3 5 6 7	4 6 8	4 5	**9**	3 5 8	5 6	6 7	**2**	**1**
C	5 6 7	6 8	**9**	**2**	**1**	5 6	**3**	**4**	6 7 8
D	**8**	4 6	4 5	**3**	5 7	**2**	**1**	**9**	6 7
E	**1**	**7**	**3**	**6**	**9**	**4**	**5**	**8**	**2**
F	5 6	**9**	**2**	**1**	5 7	**8**	**4**	6 7	**3**
G	**9**	**5**	**7**	**8**	**6**	**3**	**2**	**1**	**4**
H	**4**	**1**	**6**	**7**	**2**	**9**	**8**	**3**	**5**
I	**2**	**3**	**8**	**5**	**4**	**1**	6 7	6 7	**9**

图 1-50

单 元 格B1为WXYZ，A1为WZ，B6为XZ，B7为YZ。B1与A1在同一小九宫格的不同行中，与B6、B7在不同小九宫格的同一行中。其中W为3，X为5，Y为7，Z为6。根据变形后的WXYZ形态配置法可以将单元格B2中的候选数6删掉。

5.三链数删除法

三链数删减法是矩形顶点法的进阶方法，使用条件是：当某个候选数在某三行仅出现在相同三列上，则这个候选数就可以从这三列的其他单元格上删除掉；或者当某个候选数在某三列仅出现在相同三行上，则这个候选数就可以从这三行的其他单元格上删除掉。

	1	2	3	4	5	6	7	8	9
A	9	68	7	23	5	238	4	6	1
B	48	3	248	1	6	278	578	9	578
C	5	168	18	9	78	4	78	2	3
D	6	47	134	8	234	5	237	14	9
E	347	9	345	6	234	1	2357	8	457
F	2	158	13458	7	34	9	35	145	6
G	1	578	58	4	78	6	9	3	2
H	38	4	9	235	1	238	6	7	58
I	378	2	6	35	9	378	1	45	458

图 1-51

如图1-51所示，候选数7在横行C、D、G中，只出现在了第2列、第5列、第7列中。根据三链数删减法，候选数7不会出现在这三列的其他位置，所以可以将第7列中B7、E7单元格中的7删除掉。

需要注意的是三链数删减法不可能运用在小九宫格中。该方法是矩形顶点法的进阶，其实还可以推广为四链数删减法、五链数删减法等。使用条件是当某个候选数在某四（五）行仅出现在相同四（五）列上，则这个候选数就可以从这四（五）列的其他单元格上删除掉；或者当某个候选数在某四（五）列仅出现在相同四（五）行上，则这个候选数就可以从这四（五）行的其他单元格上删除掉。只不过具体情况中应用的比较少。

好了，关于技巧的讲解就到此为止吧，如果您完全掌握并能熟练应用上面的解题技巧之后，那么通常所见的谜题一般是不会难得住您。至于更高级的技巧其实用到的更多是测试、验证等非推理的方法，这里就不再介绍了，有兴趣的读者可以自行去研究或到相关网站上查询。

在做题前要说明的是，能用直观法解题的我们一般先用直观法来解，到了直观法解决不了的时候再使用候选数法，这样可以使填入的候选数尽量减少。还有就是在某个单元格填入确定的数字之前，一定要仔细观察，确保填入的数字准确无误，否则将会"一着不慎，满盘皆输"，只要填错了一个单元格，就只能重新来过，一定要谨慎哦。

PART 2

第二部分
精选谜题篇

一、初级谜题

第 1 题

难度级别：初级

3	1		7			9		
					6	1	2	
	6	2		4	8	3	7	
							4	
		6	5					2
4			3	2		7		6
				8	5	2		7
	2						8	3
	8		2	9	3	4	5	1

PART 2

第 2 题

难度级别：初级

	3	5	8		9			6
6		8					4	
	2	9	5	1	6		8	
		2	1	9	8			
			6	3	7	9		
	7		4	6	5	8	3	
	4					7		1
2			9		1	6	5	

第 3 题

难度级别：初级

	1		4			3	5	
		4			2			8
	8		3		9			
	4	7						
5	6			4			3	2
						1	9	
			8		3		1	
3			1			5		
	9	8			5		2	

PART 2

第 4 题

难度级别：初级

3		8					4	
	7		2		4		9	
					7	8		
	3		4					5
5		4		7		3		8
8					3		1	
		2	7					
	1		6		2		8	
	5					1		7

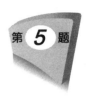

第 5 题

难度级别：初级

		2				1		
4	9			6			2	5
		7	2		1	4		
1			3		5			8
2			7		4			1
		8	4		9	5		
7	2			8			9	4
		6				8		

第 6 题

难度级别：初级

	5					9	1	
			1		2			5
			7			4		8
		8			4	6		
5			9	1	7			2
		1	6			7		
9		3			1			
1			4		5			
	7	5					8	

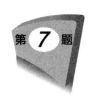

第 7 题

难度级别：初级

7			3			1	6	
	8				9		7	4
		4		6				8
			7					9
		9				8		
8					6			
4				9		6		
5	6		1				4	
	1	7			4			3

PART 2

PART 2

第8题

难度级别：初级

		3		7		5		
5								6
2	4		8		1		7	9
	5		2		7		3	
	1		3		5		2	
7	3		4		9		1	2
8								7
		4		2		9		

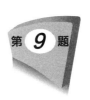

第 9 题

难度级别：初级

		7			2			
			7	1			9	
2				4				6
3	4	6			8		1	
1								8
	8		1			2	4	7
8				6				5
	6			9	3			
			8			9		

第10题

难度级别：初级

					8		5	6
					3		4	
8	6	9	2				1	
	1	5		3				
		4				1		
				6		8	7	
	9				6	5	3	2
	7		4					
5	2		3					

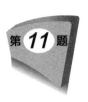

第11题

难度级别：初级

			4	3	7			6
3	6							4
			8			2		
		6		5				9
5			6		2			7
1				8		6		
		7			8			
2							1	8
8			2	1	5			

PART 2

第 12 题

难度级别：初级

1		5				4		7
	2	7				8	3	
9			4		3			2
			3		9			
	7						2	
			7		6			
6			1		4			8
	5	1				2	4	
8		3				9		5

第 13 题

难度级别：初级

3	8	6	9					
		9		1				4
					6	2		
	3				1			7
	1		5		9		3	
8			7				1	
		3	6					
1				7		3		
					4	8	7	5

PART 2

第14题

难度级别：初级

2			9					
4	8		5			9	7	
		3		8			5	
6		4						
	3	5				4	8	
						1		7
	4			3		8		
	1	2			5		6	3
					9			1

难度级别：初级

第 15 题

		1				2		
6	2	9				4	8	1
8								5
	3		7		9		4	
	1			5			2	
	8		2		3		9	
7								2
2	9	3				8	1	6
		8				7		

PART 2

第 16 题

难度级别：初级

			9		3	5		
			5			3	6	8
		8						
	6		7	3		2	4	
	4						8	
	7	3		1	4		5	
						9		
9	1	7			8			
		2	3		7			

第17题

难度级别：初级

		4		1				
					4		5	8
1	9			8			2	
	5			6	8			7
2								3
6			2	9			1	
	1			4			3	2
5	6		7					
				3		9		

PART 2

第18题

难度级别：初级

			5		4			
			7		8			6
		3		2		7	1	
	1				7	6		9
	3						4	
6		4	3				8	
	4	8		7		5		
5			8		1			
			2		9			

第19题

难度级别：初级

	9					4	8	
	6				5			9
8	7			9	3			
		3	6				2	7
7	2				8	6		
			3	1			7	2
6			2				9	
	1	7					5	

PART 2

第 20 题

难度级别：初级

			3	2	9	7		
7						9		3
			8					1
3		5						2
2			7		5			8
8						4		6
5					8			
9		1						5
		7	5	1	6			

第21题

难度级别：初级

5	6	9			7		4	3
				8	6	1		
						6		7
7		1			9			
			8			3		2
9		4						
		8	5	2				
6	3		4			5	7	8

PART 2

第22题

难度级别：初级

7				8				
9	5			4				2
4			2					
2		4			1			5
	1	7				2	9	
5			6			7		8
					9			3
8				7			4	9
				5				1

二、中级谜题

第23题

难度级别：中级

		4	8					
7					9		5	
	9	8	2					
			7			6		
5				1				2
		9			3			
					5	1	7	
	2		3					6
					1	3		

第24题

难度级别：中级

			2	8				9
6			9			2		
3		9				1	8	
				1		8		
		8	3		5	9		
		4		6				
	1	2				3		7
		5			4			1
7				9	2			

第25题

难度级别：中级

3		1					9	
4		8			3			
		9			6			8
			5	7		9	2	
	1	5		3	4			
5			4			1		
			9			6		4
	7					8		9

PART 2

第26题

难度级别：中级

PART 2

		3		1				
	2		8				3	
5			3			4		2
		2	9					4
	1		4		8		9	
9					7	5		
1		4			3			5
	5				2		4	
				9		7		

第27题

难度级别：中级

	2	1	6				7	
9	5						8	2
		6			9	5	3	
	7		1					
		8	2					5
2			8				4	
	9				4			3
6					1	8		
					2		9	

第 28 题

难度级别：中级

5	2		6			1		
		6	8				3	
					5			4
8						5	1	6
	5						2	
6	7	4						3
3			2					
	4				3	9		
		8			9		4	1

第29题

难度级别：中级

3							2	4
	9		3			5		
	1		7					
6	3				5	2	7	
5								1
	8	2	9				3	5
					3		9	
		6			4		1	
1	4							6

Sudoku 数独游戏技巧 | 从入门到精通

第30题

难度级别：中级

	8	6		4	2			
9					7	8		
		7		8	3			
	9	3					5	
	4						3	
	1					9	8	
			1	6		4		
		4	2					5
			8	7		6	9	

难度级别：中级

					6		9	7
3			8		9	1		
						2	5	
6				8				9
	1	9				4	2	
4				2				1
	4	8						
		3	4		7			8
7	9		5					

PART 2

PART 2

第 32 题

难度级别：中级

5								
			6		1			4
		7	4				8	3
					6	4	7	
6		4		1		5		2
	5	2	9					
9	3				4	1		
4			5		8			
								9

第33题

难度级别：中级

3		7		4		6		
					3		1	
		6		2	1	8		
		5					4	8
	7						2	
4	9					1		
		9	8	3		4		
	6		1					
		4		5		9		7

PART 2

第34题

难度级别：中级

	5	8		3		1		
1			7		4		5	
	7			1		8		
		2	5					
6								4
					3	6		
		3		4			2	
	8		3		2			6
		4		6		5	9	

第35题

难度级别：中级

	1			4			3	
7		4			9			
9			5			1		
		8	9		1			
1	5						7	9
			3		5	2		
		9			6			3
			2			7		4
	2			9			5	

PART 2

Sudoku 数独游戏技巧 | 从入门到精通

第 36 题

难度级别：中级

7			3		4			
					7	6	3	
						4		2
		5		1			9	7
1		4				2		6
8	9			6		1		
5		9						
	4	7	8					
			1		5			3

第37题

难度级别：中级

		9				5		2
			6		5		1	
5					1			
7	3	5				2	4	
				2				
	1	6				8	5	9
			8					4
	2		1		3			
4		8				6		

第38题

难度级别：中级

				8				
7		3				6		9
	1						7	
1	7		2		9		6	5
	9						1	
5	2		6		3		9	7
	5						8	
9		2				4		1
				2				

第39题

难度级别：中级

			3	1		9	5	
	9							
1			5			6		8
4					8	3	7	
	8						9	
	2	7	4					1
2		9			5			6
							1	
	6	3		9	7			

PART 2

第 40 题

难度级别：中级

			5					9
5		8			9	1		
	1			7			2	
6		1						7
	9		6		7		4	
2						9		8
	6			5			3	
		9	2			7		5
4					3			

第41题

难度级别：中级

		3						
				5	6	1	9	2
	6		4	8			5	
		5		4				6
			6		5			
1				7		3		
	4			6	3		7	
3	5	7	1	2				
						2		

第42题

难度级别：中级

	8		1	7				
1	5					8		
		9					6	3
			6		5	9	3	
	2						8	
	6	5	8		3			
4	9					7		
		8					9	6
				6	7		5	

第43题

难度级别：中级

							2	
	5		7					4
1		3	8				5	
			2		1			9
9		5	4		8	2		6
7			6		3			
	9				6	3		8
3					4		6	
	1							

第44题

难度级别：中级

3			1					
9					3		2	
		5	2	4	7			
1		6		3				
	7	9				1	3	
				1		9		6
			9	6	4	8		
	5		3					4
					2			1

三、高级谜题

第45题

难度级别：高级

		8	7		6	1	5	9
1	7		8		5	3		
	5			1		8		7
7		1		5		6		
	6		4	7	1	5	8	
		5	6	2		9	7	1
		2	5	6		7	1	
6		3	1		7	2	9	5
5	1	7				4		

第46题

难度级别：高级

		4	3	1		5		
	8			6	5			7
								1
	7		6	3		1		
	3			5			6	
		5		7	2		8	
3								
8			1	4			7	
		9		8	3	2		

第47题

难度级别：高级

	6						3	9
5			1	7				
	4				9	7		
		5	9		3	8		
	7						5	
		8	5		7	6		
		6	7				8	
				2	5			6
3	9						4	

PART 2

第48题

难度级别：高级

		1					3	
2	3			9			6	1
	5		3		1		9	
3			5		9			7
5			4		6			9
	9		2		3		1	
1	4			5			2	8
		7				9		

第49题

难度级别：高级

5				8		9		7
			6					
6					5	8		
3			7	2	9		1	
	1						2	
	7		3	1	8			9
		3	8					5
					7			
4		8		9				1

第50题

难度级别：高级

8		3		5		4		9
	5			2			8	
		6				3		
	6		1		5		3	
	9		4		2		7	
		2				5		
	3			4			1	
1		9		7		8		2

第51题

难度级别：高级

			7		3			
5				8	9		2	1
1				6		8		
	1						3	8
4								2
9	8						4	
		5		3				9
3	9		5	2				4
			1		7			

PART 2

第 52 题

难度级别：高级

9								8
4	8			1			5	9
			8		3			
7	4						8	2
			2		1			
5	2						6	1
			7		8			
2	7			3			9	5
1								4

第 53 题

难度级别：高级

	2				9			5
		4			3			1
	1	3	4	5	8			
		5		1				
		6				2		
				8		7		
			7	2	1	6	9	
7			8			5		
9			3				7	

PART 2

第54题

难度级别：高级

5								1
	3	4		2		7	6	
		9				4		
9	4		6		1		7	5
6	5		2		8		3	4
		5				1		
	1	3		4		5	8	
4								2

第55题

难度级别：高级

1		3			8			
			7		5	2	1	3
	5		6					8
	8		5			3		
		5			9		2	
6					7		8	
8	1	2	9		4			
			8			9		6

PART 2

第 56 题

难度级别：高级

				7			1	4
9						8	2	
			3		9			5
	2		5			1		
	5		8		4		3	
		9			7		4	
6			9		1			
	9	7						8
5	4			8				

第57题

难度级别：高级

8		7	5					
				2				3
			1		4	7		
3							4	6
6		2	9		1	3		5
7	1							8
		3	4		8			
2				9				
					3	5		4

PART 2

第58题

难度级别：高级

7		9			4			
		6	5			7	4	1
	2				7	6		
6			9					
		7				1		
					3			4
		2	8				1	
3	6	1			9	5		
			7			9		3

第59题

难度级别：高级

	7	8	6					
					1		6	
9		3			2			1
	8				4			9
7			1	5	6			8
4			9				5	
3			2			7		5
	2		4					
					5	9	2	

第60题

难度级别：高级

2			8		6			
8				9	3			2
	3						1	
5			6			4	8	
			4		5			
	9	7			1			6
	4						9	
6			3	1				8
			9		2			5

PART 2

第 61 题

难度级别：高级

5				6				3
3		1				8		7
	7		3		8		9	
	6		5		3		7	
	1		8		9		2	
	2		4		1		5	
6		9				4		1
1				5				2

第62题

难度级别：高级

		8				2	5	
9	6							1
	2		1					7
			3	7				5
		3	6		8	9		
6				1	2			
2					4		9	
7							2	4
		3	9			8		

第63题

难度级别：高级

9	8			4			1	3
		2	8		5	4		
6			4		8			7
			6		9			
5			1		3			8
		3	9		7	1		
4	2			8			3	9

PART 2

第 64 题

难度级别：高级

		3						
	2				8	6		
4	6			2	7	1	8	
				3			9	
		6	5		9	2		
	9			1				
	8	5	1	6			2	4
		1	7				5	
						3		

PART 2

第65题

难度级别：高级

			5	2		1		6
					8		9	
	6						5	7
			9				1	8
		8	7		6	3		
7	9				3			
8	3						7	
	7		4					
2		6		7	1			

PART 2

第66题

难度级别：高级

		1	4		3	8		
			9					
		2		1		6	9	4
5		4					1	
			5		7			
	8					4		5
3	6	8		5		1		
					1			
		7	6		9	3		

四、终级谜题

第67题

难度级别：终级

					1			
		9	2					
8							4	
7			5		2	6	9	1
6				3	4		5	7
	1				7	3		
		6					3	5
5	4	3				7		8

第68题

难度级别：终级

				6		7		
	8	7		9		2		
							3	1
8	7		1					5
	5						6	
9					5		2	7
2	4							
		5		1		6	4	
		6		2				

第69题

难度级别：终级

			3	8				
2					9		6	
		3		6	7	5		
9							7	8
	5						2	
6	1							9
		9	6	3		8		
	3		9					6
				1	4			

PART 2

第70题

难度级别：终级

3								1
		5			8	4		
			4	7			2	
	3	4	6					
7								8
					1	9	6	
	9			6	5			
		3	8			2		
1								9

第71题

难度级别：终级

				3				
	8				9			5
	9						1	8
	6				1	9		2
		8		4		6		
2		9	6				5	
8	1						2	
5			7				3	
				6				

PART 2

PART 2

第72题

难度级别：终级

		4	9				5	
								2
1		6	2			3	4	
8				9		5		
			8		5			
		2		7				6
	3	5			6	8		4
7								
	6				8	7		

第 73 题

难度级别：终级

5		9					7	
	6	1		8		2		
		8			5			
	5	3			9			
	2						1	
			4			8	3	
			6			5		
		5		9		3	2	
	8					6		9

PART 2

PART 2

第 74 题

难度级别：终级

	6			9				
9	1	7						
	5		2			9		
	8				2		4	9
6	3						5	2
2	4		6				1	
		3			7		9	
						5	7	4
				4			8	

第 75 题

难度级别：终级

5						1		
	6			5	1			3
8		1	7					
			5	2	6		7	
		6				9		
	4		8	7	9			
					7	4		8
3			4	6			9	
		9						2

第76题

难度级别：终级

		8					4	
3						7		8
	2				8		6	9
			3	7		4	5	
			8		1			
	7	4		5	6			
5	6		9				2	
8		2						4
	9					1		

第 77 题

难度级别：终级

9							6	
	8		5		4	9		
		4			1			
7	3		2	1	6			9
6			3	8	5		2	1
			4			8		
		3	1		9		5	
	2							7

第78题

难度级别：终级

				7		9		1
			2				6	4
		3	1		6	2	5	
						5	4	
8								2
	3	2						
	8	7	4		2	1		
1	4				9			
2		5		6				

难度级别：终级

			6					9
	9	8	3			1		
4		2		9				
2	8		4				3	
		6				8		
	7				3		6	2
				5		9		7
		9			2	3	5	
5					8			

PART 2

第80题

难度级别：终级

	3	8	5					
		4		7	1			
	1		4				5	
				5		8		
6		1	2		4	9		5
		5		3				
	9				6		8	
			7	4		6		
					5	7	2	

第81题

难度级别：终级

		5				4		
	9			2			8	
8			5		9			7
9			7		1			2
	1						9	
2			9		4			6
6			2		5			3
	4			3			5	
		3				2		

PART 2

PART 2

第82题

难度级别：终级

6			5				4	
		2				5		
5	9			8	2			
		6	7			4		
4								7
		1			3	8		
			2	6			5	3
		7				1		
	5				9			6

第83题

难度级别：终级

			8	7	9		5	
8			5	6				
5	3						7	
2				9			6	
		3				5		
	6			8				9
	1						9	7
				5	7			4
	7		2	1	4			

第84题

难度级别：终级

		8			2			
			3			8		7
	1	3	7				5	
5	2			1			9	
	8			2			1	4
	4				8	7	3	
8		1			3			
			9			2		

难度级别：终级

第85题

5	9		2					
1		8	6		4		2	
	2	4						5
								7
2			3		7			1
6								
8						3	9	
	5		9		3	8		6
					8		7	4

PART 2

第86题

难度级别:终级

		8	2			4		3
		3			9			
	2			3		7		
4			9	5				
1								4
				1	8			6
		4		7			3	
				3		8		
2		9			6	1		

第 87 题

难度级别：终级

6					5		3	8
7					8	2		
			6				5	
2		8	7		9			6
1			2		3	7		5
	9				2			
		2	1					4
3	6		4					2

PART 2

第88题

难度级别：终级

5		8				3	2	
		1			5			7
	6							1
8			6	1				
		4	9		2	7		
				7	8			6
2							7	
1			3			6		
	7	6				2		8

第 89 题

难度级别：终级

2								4
		3				6		
7			4		6			5
	2		8		4		3	
			7		9			
	9		1		3		8	
4			2		1			8
		2				4		
6								7

第90题

难度级别：终级

					1	4		6
		6					8	
3	8			6	2			
4				1				
	5	3				6	4	
				5				9
			1	4			2	7
	3					8		
9		2	5					

第91题

难度级别：终级

6				2				
2	4			9	1			
	8	3						
	2					1		3
		4	9		6	7		
5		6					8	
						5	3	
			2	5			1	7
				8				6

Sudoku 数独游戏技巧 | 从入门到精通

第 92 题

难度级别：终级

1			6			8	3	
					1		5	
	8		5			6		9
				4				2
		8				3		
5				7				
8		6			2		7	
	5		7					
	7	9			6			3

第93题

难度级别：终级

	7					1	6	9
				1		8		
			8		7	3		
	3				2			8
		2				5		
6			7				3	
		3	6		5			
		5		8				
9	8	6					2	

第94题

难度级别：终级

PART 2

		4	2		6	9		
							3	
		9	4	1				5
					1	7		4
	9						5	
7		3	9					
6				8	5	3		
	3							
		8	3		7	2		

PART 3

第三部分

谜题解析与答案

一、初级谜题解析与答案

直观法因其快捷、高效,常作为解题初始阶段的优选方法。对于一般的初级谜题来说,直观法可以直接解出大部分答案,个别情况下可能要用到候选数法。

第1题解析

下面来分析一下该题的解题思路。先观察前三行,按照数字1~9的顺序来观察。

如图3-1所示,首先我们看到单元格A2中为数字1,利用单元排除法,横行A中不会再有数字1。单元格B7为数字1,利用单元排除法,横行B中不会再有数字1。在小九宫格二中,可以确定C4为数字1。

	1	2	3	4	5	6	7	8	9
A	3	1		7		②	9	⑥	
B					③	6	1	2	
C		6	2	①	4	8	3	7	
D							4		
E			6	5				2	
F	4			3	2		7		6
G					8	5	2		7
H		2						8	3
I		8		2	9	3	4	5	1

图 3-1

再来看数字2，单元格C3、B8为数字2，利用单元排除法，横行B、C中不会再有数字2。在小九宫格二中，数字2只能出现在A5、A6单元格中。此时向下排查，发现F5为2，则可以断定在小九宫格二中，A6单元格为数字2。

继续观察数字3，单元格A1、C7为数字3，利用单元排除法，横行A、C中不会再有数字3。在小九宫格二中，数字3只能出现在B4、B5单元格内。此时向外排查，发现F4单元格为3，则可以断定小九宫格二中，数字3必定出现在B5单元格内。

由于给定的线索有限，数字4、5暂时无法确定，我们继续来观察数字6。单元格B6、C2为数字6，利用单元排除法，横行B、C中不会再有数字6，因此小九宫格三中，数字6只能出现在A8、A9中。此时向下排查，发现F9为6，则在小九宫格三中，A8为6。

再往下数字7～9都暂时无法推断出相应的位置，我们就往下观察中间三行。

中间三行我们依然是从数字1观察到9。如图3-2所示，数字1的线索不足，我们就观察数字2。单元格E9、F5为数字2，利用单元排除法，横行E、F中不会再有数字2，则小九宫格四中，数字2只能出现在D1、D2、D3单元格内。此时向外排查，发现H2、C3为2，则小九宫格四中，D1为数字2。

数独游戏技巧 | 从入门到精通

数字3的线索不足，我们直接来看数字4。D8、F1为4，利用单元排除法，横行D、F中不会再有4，小九宫格五中4只能出现在E5、E6内。此时向外排查，发现C5为4，则小九宫格五中，E6为4。

	1	2	3	4	5	6	7	8	9
A	3	1		7		2	9	6	
B					3	6	1	2	
C		6	2	1	4	8	3	7	
D	②							4	
E			6	5		④			2
F	4			3	2		7		6
G					8	5	2		7
H		2						8	3
I		8		2	9	3	4	5	1

图 3-2

剩下的数字暂时也无法确定，我们就来观察最后三行。从数字1观察到数字9。

如图3-3所示，数字1～5都没有足够的线索，我们来看数字6。横行I中还缺少数字6、7，此时向外排查，发现E3为6，则横行I中I1为6，I3为7。

再看小九宫格九中，缺少6、9两个数，向外排查，我们发现A8为6，则小九宫格九中H7为6，G8为9。

确定了H7为6之后,利用单元排除法,横行H中不会再有6,此时可以确定在小九宫格八中,G4为6。

其他的数字暂时也无法确定,我们就结束对行的观察,从左三列开始对列进行观察。

	1	2	3	4	5	6	7	8	9
A	3	1		7		2	9	6	
B					3	6	1	2	
C		6	2	1	4	8	3	7	
D	2							4	
E			6	5		4		2	
F	4			3	2		7		6
G				⑥	8	5	2	⑨	7
H		2					⑥	8	3
I	⑥	8	⑦	2	9	3	4	5	1

图 3-3

由于左三列中的数字较少,没有足够的线索来判定。我们就来观察观察中间三列。

如图3-4所示,从数字1开始观察,数字1～4都没有足够的线索,我们来看数字5。E4为5,利用单元排除法,第4列不会再有5,则小九宫格二中,数字5必定在A5内。同时可以确定B4为9。

确定了B4为9之后,第4列中只剩下D4、H4是空着的,还缺少数字4、8。经过排查发现E6为4,利用单元排除法,小九宫格五中不会再有4,则可以确定D4为8,H4为4。

至此,中间三列能确定的也已经确定完了,我们来继续观察右三列。

	1	2	3	4	5	6	7	8	9
A	3	1		7	⑤	2	9	6	
B				⑨	3	6	1	2	
C		6	2	1	4	8	3	7	
D	2			⑧				4	
E			6	5		4			2
F	4			3	2		7		6
G				6	8	5	2	9	7
H		2		④			6	8	3
I	6	8	7	2	9	3	4	5	1

图 3-4

如图3-5所示,右三列中第7列和第8列都只剩下两个单元格为空白的,我们尝试着将这两列的空白单元格作为突破口入手。首先看第7列,还剩下D7、E7单元格为空的,缺少的数字是5、8。经过横向排查,我们发现D4为8,则E7为8,D7为5。

再来看第8列,还剩下E8、F8为空的,缺少数字1、3。经过横向排查,我们发现F4为3,则F8为1,E8为3。

此时在小九宫格六中只剩下D9是空着的,应该填入唯一缺少的数字9。

此时观察第9列还剩下3个单元格未填入数字,缺少的是数字4、5、8。此时横向排查,发现C5为4、C6为8,则可以确定C9单元格为数字5。

	1	2	3	4	5	6	7	8	9
A	3	1		7	5	2	9	6	
B				9	3	6	1	2	
C		6	2	1	4	8	3	7	⑤
D	2			8			⑤	4	⑨
E			6	5		4	⑧	③	2
F	4			3	2		7	①	6
G				6	8	5	2	9	7
H		2		4			6	8	3
I	6	8	7	2	9	3	4	5	1

图 3-5

再往下观察似乎也无法判断出剩下两个单元格的数字,至此我们就完成了第一遍的逐行、逐列扫描。此时再来一遍逐行、逐列扫描,一般的初级谜题一般会解出更多的答案。当然也可以将空白单元格比较少的行(或列、或小九宫格)为突破口,来解开剩下的谜题。此处我们选择再来一遍逐行、逐列扫描。

再来观察前三行，如图3-6所示。横行C中，只剩下C1单元格为空着的，应该填入唯一缺少的数字9。

由于线索有限，其他的数字暂时无法确定，我们继续观察中间三行。

	1	2	3	4	5	6	7	8	9
A	3	1		7	5	2	9	6	
B				9	3	6	1	2	
C	⑨	6	2	1	4	8	3	7	5
D	2			8	⑥		5	4	9
E			6	5		4	8	3	2
F	4	⑤	⑧	3	2	⑨	7	1	6
G				6	8	5	2	9	7
H		2		4			6	8	3
I	6	8	7	2	9	3	4	5	1

图 3-6

从数字1开始观察，数字1~5都无法确定，我们就观察6。E3、F9为6，利用单元排除法，横行E、F中不会再有数字6，小九宫格五中，数字6只能出现在D5、D6单元格中。此时向外排查，发现B6为6，则可以推出D5为6。

数字7的线索不足，我们继续来观察数字8。D4、E7为8，利用单元排除法，横行D、E中不会再有8，小九宫格四中数字8只能出现在F2、F3单元格内。此时纵向排查，发现

I2为8，则可以确定F3为8。

此时横行F中还剩下两个空白单元格，缺少数字5、9。经过排查，发现E4为5，根据单元排除法，小九宫格五中不会再有数字5。可以推出F6为9，F2为5。

中间三行也没有其他位置可以确定，我们就继续往下观察后三行。

如图3-7所示，数字1~8都没有足够的线索，我们就来观察数字9。G8单元格为9，根据单元排除法，横行G中不会再有9，则小九宫格七中，数字9只能出现在H1、H3单元格中。此时向外排查，发现C1为9，可以推出H3为9。

	1	2	3	4	5	6	7	8	9
A	3	1		7	5	2	9	6	
B				9	3	6	1	2	
C	9	6	2	1	4	8	3	7	5
D	2			8	6		5	4	9
E			6	5		4	8	3	2
F	4	5	8	3	2	9	7	1	6
G	①			6	8	5	2	9	7
H	⑤	2	⑨	4			6	8	3
I	6	8	7	2	9	3	4	5	1

图 3-7

确定了H3为9之后，我们发现由于G6为5，根据单元排除法，横行G中不会再有5，则小九宫格七中，数字5必定在H1单元格内。

至此小九宫格七中只剩下3个空白单元格，还缺少数字1、3、4，向外排查，我们发现第1列中A1、F1分别为3、4，可以推出G1单元格必定为数字1。

剩下的单元格暂时无法确定，我们就从左三列开始观察。如图3-8所示，A2、G1为1，可以推出小九宫格四中D3为1。

F2、H1为5，可以推出小九宫格一中，数字5只能出现在A3、B3内，横向排查发现A5为5，则可以断定B3为5。

F3、I2为8，可以推断小九宫格一中，B1为8。同时可以

	1	2	3	4	5	6	7	8	9
A	3	1	④	7	5	2	9	6	
B	⑧	⑦	⑤	9	3	6	1	2	
C	9	6	2	1	4	8	3	7	5
D	2	③	①	8	6		5	4	9
E	⑦	⑨	6	5		4	8	3	2
F	4	5	8	3	2	9	7	1	6
G	1	④	③	6	8	5	2	9	7
H	5	2	9	4			6	8	3
I	6	8	7	2	9	3	4	5	1

图 3-8

推出第1列中E1为7。确定E1为7之后,观察到I3为7,可以推出小九宫格一中B2为7。同时可以推出,小九宫格一中唯一空白的A3单元格为4。

确定了A3为4之后,可以推出小九宫格七中,G2为4,G3为3。

此时小九宫格四中只剩下D2、E2为空白的,还差数字3、9未填入。经过横向排查,我们发现D9为9,可以断定D2为3,E2为9。

至此,左三列已经全部填完。剩下中间三列和右三列的数字就很好填了,利用单元限定法就可以全部解决,最终的答案如图3-9所示。

	1	2	3	4	5	6	7	8	9
A	3	1	4	7	5	2	9	6	⑧
B	8	7	5	9	3	6	1	2	④
C	9	6	2	1	4	8	3	7	5
D	2	3	1	8	6	⑦	5	4	9
E	7	9	6	5	①	4	8	3	2
F	4	5	8	3	2	9	7	1	6
G	1	4	3	6	8	5	2	9	7
H	5	2	9	4	⑦	①	6	8	3
I	6	8	7	2	9	3	4	5	1

图3-9

第2题解析

我们按照数字1～9的顺序来分析各数字应填入的位置。由于给定的线索太少,暂时无法确定数字1～3应该填入的空白单元格的位置。接着来看数字4,如图3-10所示,由于单元格B8的位置是数字4,利用单元排除法,横行B中的其他位置不会再有数字4。在小九宫格二里面,数字4只可能填入唯一剩下的A5单元格。

	1	2	3	4	5	6	7	8	9
A		3	5	8	④	9			6
B	6		8	×	×	×		4	
C		2	9	5	1	6		8	
D			2	1	9	8			
E									
F				6	3	7	9		
G		7		4	6	5	8	3	
H		4					7		1
I	2			9		1	6	5	

图 3-10

确定了A5位置应为数字4之后,利用单元排除法,就可以确定横行A中其他位置没有数字4,如图3-11所示。同样利用单元排除法,根据B8单元格为数字4,可以确定横行B中其他位置单元格都不会存在数字4。综合上面的推断,在小九宫格一里面，只剩下C1单元格可以填入数字4，因此可以确定C1单元格应填入数字4。

	1	2	3	4	5	6	7	8	9
A	×	3	5	8	4	9			6
B	6	×	8					4	
C	④	2	9	5	1	6		8	
D			2	1	9	8			
E									
F				6	3	7	9		
G		7		4	6	5	8	3	
H		4					7		1
I	2			9		1	6	5	

图 3-11

再看第4、5列，如图3-12所示。由于G4和A5中都为数字4，利用单元排除法，可知这两列中其他位置不可能填入数字4。再放到小九宫格五里面来看，只剩下E6单元格有可能填入数字4，这样就又确定了一个数字4的位置。

确定E6单元格为数字4之后，根据单元排除法，横行E中的其他位置单元格就都不会有数字4，如图3-13所示。再看第1、2列，由于C1和H2单元格都为数字4，根据单元排除法，这两列中其他位置的单元格不可能为数字4。综合上述推论，在小九宫格四里面就可以断定数字4应该填入F3单元格的位置。

	1	2	3	4	5	6	7	8	9
A		3	5	8	4	9			6
B	6		8					4	
C	4	2	9	5	1	6		8	
D			2	1	9	8			
E				×	×	④			
F				6	3	7	9		
G		7		4	6	5	8	3	
H		4					7		1
I	2			9		1	6	5	

图 3-12

	1	2	3	4	5	6	7	8	9
A		3	5	8	4	9			6
B	6		8					4	
C	4	2	9	5	1	6		8	
D	×	×	2	1	9	8			
E	×	×	×			4			
F	×	×	④	6	3	7	9		
G		7		4	6	5	8	3	
H		4					7		1
I	2			9		1	6	5	

图 3-13

至此，谜题中已经出现了7个数字4，还有两个数字4的位置没有确定。

下面再来观察横行G、H，如图3-14所示，由于G4和H2两个单元格都为数字4，利用单元排除法，可以断定这两行的其他位置不会有数字4。通过以上推断，在小九宫格九中来看，I9单元格必定为数字4。

	1	2	3	4	5	6	7	8	9
A		3	5	8	4	9			6
B	6		8					4	
C	4	2	9	5	1	6		8	
D			2	1	9	8			
E						4			
F			4	6	3	7	9		
G		7		4	6	5	8	3	×
H		4					7	×	1
I	2			9		1	6	5	④

图 3-14

接着来看第8、9列，如图3-15所示，由于单元格B8和I9都为数字4，根据单元排除法，可以确定这两列的其他位置单元格都不可能为4。再看横行E，由于E6单元格为数字4，利用单元排除法可以确定横行E中其他位置不会有数字4。综合上述推断，在小九宫格六中，D7单元格的位置必定为数字4无疑。到此位置，数字4已将全部填齐，接下来我们继续考察数字5。

图 3-15

图 3-16

如图3-16所示,在第4列中,由于单元格C4为数字5,根据单元排除法,该列中其他位置单元格不可能为数字5。考察小九宫格五,E5位置必定为数字5。同时小九宫格五中利用单元限定法,可以确定E4单元格中应为数字2。

如图3-17所示,在横行G、I中,由于单元格G6和I8为数字5,根据单元排除法这两行中其他位置都不可能有数字5。再看第3列,由于A3单元格中为数字5,根据单元排除法,该列中其他位置单元格不可能有数字5。

综合上述推断,在小九宫格七里面,数字5必定要填入单元格H1里面。

	1	2	3	4	5	6	7	8	9
A		3	<u>5</u>	8	4	9			6
B	6		8				5	4	
C	4	2	9	5	1	6		8	
D			2	1	9	8	4		
E				2	5	4			
F				6	3	7	9		
G	×	7	×	4	6	<u>5</u>	8	3	
H	⑤	4	×				7		1
I	2	×	×	9		1	6	<u>5</u>	4

图 3-17

到这里用简单的方法已经不容易确定下一个数字5所在

的位置，那么我们就接着往下考察数字6。观察横行G、I，如图3–18所示，由于单元格G5和I7为数字6，根据单元排除法，这两行中的其他位置单元格都不可能为数字6。综合以上推断，在小九宫格七里面，数字6必定填入单元格H3。

	1	2	3	4	5	6	7	8	9
A		3	5	8	4	9			6
B	6		8				5	4	
C	4	2	9	5	1	6		8	
D			2	1	9	8	4		
E				2	5	4			
F				6	3	7	9		
G	×	7	×	4	6	5	8	3	
H	5	4	⑥				7		1
I	2	×	×	9		1	6	5	4

图 3–18

此时用简单的方法无法确定数字6的其他位置，那么我们就接着考察数字7。

如图3–19所示，在第2列中，由于单元格G2中为数字7，根据单元排除法可以确定该列中其他位置没有数字7。那么在小九宫格一里面，A1单元格必定为数字7。

同时，小九宫格一里面根据单元限定法，可以确定B2单元格为数字1。

图 3-19

	1	2	3	4	5	6	7	8	9
A	⑦	3	5	8	4	9			6
B	6	×	8				5	4	
C	4	2	9	5	1	6		8	
D			2	1	9	8	4		
E				2	5	4			
F				6	3	7	9		
G		7		4	6	5	8	3	
H		4	6				7		1
I	2			9		1	6	5	4

图 3-20

	1	2	3	4	5	6	7	8	9
A	7	3	5	8	4	9			6
B	6	1	8				5	4	
C	4	2	9	5	1	6		8	
D	×	×	2	1	9	8	4		
E	×	×	⑦	2	5	4			
F	×	×	×	6	3	7	9		
G		7		4	6	5	8	3	
H		4	6	×	×	×	7		1
I	2			9	⑦	1	6	5	4

PART 3

观察横行F中，由于单元格F6为数字7，根据单元排除法可以确定横行F中的其他位置单元格没有数字7，如图3-20所示。同理由于A1、G2单元格为数字7，所以第1、2列中其他位置的单元格中也没有数字7。综合上述推断，在小九宫格四中，E3单元格的位置确定为数字7。同样，根据H7单元格中为数字7，利用单元排除法，横行H中其他位置单元格没有数字7，可以推出在小九宫格八里面，数字7必定出现在I5单元格中。

再看第5、6列，如图3-21所示，由于单元格I5和F6为数字7，根据单元排除法，该两列中其他位置没有数字7。因此可以推断出在小九宫格二里面，数字7必定在单元格B4中。

	1	2	3	4	5	6	7	8	9
A	7	3	5	8	4	9			6
B	6	1	8	⑦			5	4	
C	4	2	9	5	1	6	③	8	⑦
D			2	1	9	8	4	⑦	
E			7	2	5	4			
F				6	3	7	9		
G		7		4	6	5	8	3	
H		4	6	③			7		1
I	2			9	7	1	6	5	4

图 3-21

此时可以看到第4列中只剩下H4单元格为空白的，根据单元限定法，此处必定为数字3。再考察小九宫格三里面数字7的位置，因为单元格A1、B4、H7都确定为数字7，根据单元排除法可以确定小九宫格三里面的单元格C9必定应为数字7。此时利用单元限定法又可以断定横行C中的单元格C7应该为数字3。最后根据单元格H7、C9、E3、F6为数字7，可以推断出小九宫格六里面的D8单元格必定为数字7。至此为止，数字7已经完全填完，我们接下来就继续考察下一个数字8。

观察第6列，如图3-22所示，其中D6单元格为数字8，则第6列其他位置没有8，在小九宫格八里面，就可以确定数字8位于单元格H5中。同时可以看到小九宫格八中只剩下数

	1	2	3	4	5	6	7	8	9
A	7	3	5	8	4	9			6
B	6	1	8	7	②	③	5	4	⑨
C	4	2	9	5	1	6	3	8	7
D			2	1	9	8	4	7	
E			7	2	5	4			
F				6	3	7	9		
G		7		4	6	5	8	3	
H		4	6	3	⑧	②	7		1
I	2			9	7	1	6	5	4

图 3-22

字2，根据单元限定法应该填入H6单元格。同理在第6列的B6单元格中应该填入数字3，在小九宫格二的B5单元格中应该填入数字2，在横行B的B9单元格中应该填入数字9。

下面再看第3列，如图3-23所示，由于B3单元格为数字8，则该列其他位置单元格不为8。又由于在横行G、H中，单元格G7、H5都为数字8，所以该两行的其他位置单元格都不为8。

综合以上推断，在小九宫格七中，数字8必定出现在I2单元格。此时在该横行I中，又可以使用单元限定法，确定I3单元格的位置为数字3。

	1	2	3	4	5	6	7	8	9
A	7	3	5	8	4	9			6
B	6	1	8	7	2	3	5	4	9
C	4	2	9	5	1	6	3	8	7
D			2	1	9	8	4	7	
E			7	2	5	4			
F					6	3	7	9	
G		7		4	6	5	8	3	
H		4	6	3	8	2	7		1
I	2	⑧	③	9	7	1	6	5	4

图 3-23

接下来考察数字9，如图3-24所示。由于B9单元格为数字9，则第9列的其他位置没有数字9，在小九宫格九里面可以确定H8单元格为数字9。同时在该小九宫格中，可以推断出G9单元格应该为数字2。在横行H中的H1单元格也可以确定为数字5。再看第3列的C3单元格为数字9，所以在小九宫格七里面就能断定G1单元格为数字9。此时还可以推出在横行G中的G3单元格为数字1。接着又能推出在第3列中的F3单元格为数字4。再根据单元格D5、F7、G1为数字9，利用单元排除法可以推出在小九宫格四里面，数字9应该在E2单元格中。

	1	2	3	4	5	6	7	8	9
A	7	3	5	8	4	9			6
B	6	1	8	7	2	3	5	4	9
C	4	2	9	5	1	6	3	8	7
D			2	1	9	8	4	7	
E		⑨	7	2	5	4			
F			④	6	3	7	9		
G	⑨	7	①	4	6	5	8	3	②
H	⑤	4	6	3	8	2	7	⑨	1
I	2	8	3	9	7	1	6	5	4

图 3-24

到此为止数字9已经全部填到相应的单元格中了。这时可以根据情况寻找空白单元格较少的行、列、小九宫格根据线索填满，或者依然从数字1开始再来排查一遍，如果数字1没有能确定的位置就继续接着从数字2开始。

如图3-25所示，由于单元格D3、E4、G9都为数字2，可以推断出在小九宫格六里面，数字2肯定出现在单元格F8内。紧接着又能推出在小九宫格三里面单元格A7为数字2，单元格A8为数字1。然后观察第7、8列，能够得出单元格E7为数字1，单元格E8为数字6。

	1	2	3	4	5	6	7	8	9
A	7	3	5	8	4	9	②	①	6
B	6	1	8	7	2	3	5	4	9
C	4	2	9	5	1	6	3	8	7
D			2	1	9	8	4	7	
E		9	7	2	5	4	①	⑥	
F			4	6	3	7	9	②	
G	9	7	1	4	6	5	8	3	2
H	5	4	6	3	8	2	7	9	1
I	2	8	3	9	7	1	6	5	4

图 3-25

再观察单元格B2、D4、E7都为数字1，如图3-26所示，则可推出在小九宫格四里，数字1应该出现在单元格F1中。

第三部分 谜题解析与答案

	1	2	3	4	5	6	7	8	9
A	7	3	5	8	4	9	2	1	6
B	6	1	8	7	2	3	5	4	9
C	4	2	9	5	1	6	3	8	7
D			2	1	9	8	4	7	
E		9	7	2	5	4	1	6	
F	①		4	6	3	7	9	2	
G	9	7	1	4	6	5	8	3	2
H	5	4	6	3	8	2	7	9	1
I	2	8	3	9	7	1	6	5	4

图 3-26

	1	2	3	4	5	6	7	8	9
A	7	3	5	8	4	9	2	1	6
B	6	1	8	7	2	3	5	4	9
C	4	2	9	5	1	6	3	8	7
D	③	⑥	2	1	9	8	4	7	⑤
E	⑧	9	7	2	5	4	1	6	③
F	1	⑤	4	6	3	7	9	2	⑧
G	9	7	1	4	6	5	8	3	2
H	5	4	6	3	8	2	7	9	1
I	2	8	3	9	7	1	6	5	4

图 3-27

PART 3

接下来考察数字6，如图3-27所示。由于单元格B1、E8、F4中都是数字6，则可以推出在小九宫格四中，数字6必定在单元格D2的位置。从而在第2列中，可以推出F2单元格为数字5，接着又可以推出在横行F中，F9单元格应为数字8。

根据单元格D6、F9为数字8可以推出E1单元格为数字8，从而推出E9单元格为数字3，D9单元格为数字5，D1单元格为数字3。

从这道题中可以看出，初级谜题基本上不需要过多的高级技巧，只需用到单元限定法和单元排除法等最基本的技巧即可破解谜题。以下其他初级谜题不再介绍解题过程，直接将答案列出，所用方法及技巧多与上题类似，亲自来试试吧！

第三部分 谜题解析与答案

第1题

3	1	4	7	5	2	9	6	8
8	7	5	9	3	6	1	2	4
9	6	2	1	4	8	3	7	5
2	3	1	8	6	7	5	4	9
7	9	6	5	1	4	8	3	2
4	5	8	3	2	9	7	1	6
1	4	3	6	8	5	2	9	7
5	2	9	4	7	1	6	8	3
6	8	7	2	9	3	4	5	1

第2题

7	3	5	8	4	9	2	1	6
6	1	8	7	2	3	5	4	9
4	2	9	5	1	6	3	8	7
3	6	2	1	9	8	4	7	5
8	9	7	2	5	4	1	6	3
1	5	4	6	3	7	9	2	8
9	7	1	4	6	5	8	3	2
5	4	6	3	8	2	7	9	1
2	8	3	9	7	1	6	5	4

第3题

2	1	9	4	8	7	3	5	6
6	3	4	5	1	2	9	7	8
7	8	5	3	6	9	2	4	1
9	4	7	2	3	1	8	6	5
5	6	1	9	4	8	7	3	2
8	2	3	7	5	6	1	9	4
4	5	2	8	9	3	6	1	7
3	7	6	1	2	4	5	8	9
1	9	8	6	7	5	4	2	3

第4题

3	9	8	1	5	6	7	4	2
1	7	5	2	8	4	6	9	3
2	4	6	3	9	7	8	5	1
9	3	1	4	6	8	2	7	5
5	2	4	9	7	1	3	6	8
8	6	7	5	2	3	4	1	9
4	8	2	7	1	5	9	3	6
7	1	9	6	3	2	5	8	4
6	5	3	8	4	9	1	2	7

PART 3

第5题

8	5	2	9	4	7	1	3	6
4	9	1	8	6	3	7	2	5
6	3	7	2	5	1	4	8	9
1	6	4	3	2	5	9	7	8
5	7	9	6	1	8	2	4	3
2	8	3	7	9	4	6	5	1
3	1	8	4	7	9	5	6	2
7	2	5	1	8	6	3	9	4
9	4	6	5	3	2	8	1	7

第6题

6	5	2	3	4	8	9	1	7
8	4	7	1	9	2	3	6	5
3	1	9	7	5	6	4	2	8
7	3	8	5	2	4	6	9	1
5	6	4	9	1	7	8	3	2
2	9	1	6	8	3	7	5	4
9	2	3	8	7	1	5	4	6
1	8	6	4	3	5	2	7	9
4	7	5	2	6	9	1	8	3

第7题

7	9	2	3	4	8	1	6	5
3	8	6	5	1	9	2	7	4
1	5	4	2	6	7	3	9	8
6	3	1	7	8	2	4	5	9
2	7	9	4	5	1	8	3	6
8	4	5	9	3	6	7	2	1
4	2	3	8	9	5	6	1	7
5	6	8	1	7	3	9	4	2
9	1	7	6	2	4	5	8	3

第8题

9	8	3	6	7	2	5	4	1
5	7	1	9	3	4	2	8	6
2	4	6	8	5	1	3	7	9
6	5	9	2	8	7	1	3	4
3	2	8	1	4	6	7	9	5
4	1	7	3	9	5	6	2	8
7	3	5	4	6	9	8	1	2
8	9	2	5	1	3	4	6	7
1	6	4	7	2	8	9	5	3

第三部分　谜题解析与答案

第9题

4	9	7	6	8	2	1	5	3
6	3	8	7	1	5	4	9	2
2	5	1	3	4	9	7	8	6
3	4	6	2	7	8	5	1	9
1	7	2	9	5	4	6	3	8
9	8	5	1	3	6	2	4	7
8	2	9	4	6	1	3	7	5
7	6	4	5	9	3	8	2	1
5	1	3	8	2	7	9	6	4

第10题

1	4	3	9	7	8	2	5	6
2	5	7	6	1	3	9	4	8
8	6	9	2	4	5	3	1	7
6	1	5	8	3	7	4	2	9
7	8	4	5	2	9	1	6	3
9	3	2	1	6	4	8	7	5
4	9	1	7	8	6	5	3	2
3	7	8	4	5	2	6	9	1
5	2	6	3	9	1	7	8	4

第11题

9	2	1	4	3	7	8	5	6
3	6	8	5	2	1	9	7	4
4	7	5	8	6	9	2	3	1
7	8	6	1	5	4	3	2	9
5	3	4	6	9	2	1	8	7
1	9	2	7	8	3	6	4	5
6	1	7	3	4	8	5	9	2
2	5	3	9	7	6	4	1	8
8	4	9	2	1	5	7	6	3

第12题

1	3	5	8	9	2	4	6	7
4	2	7	6	1	5	8	3	9
9	8	6	4	7	3	1	5	2
5	6	4	3	2	9	7	8	1
3	7	9	5	8	1	6	2	4
2	1	8	7	4	6	5	9	3
6	9	2	1	5	4	3	7	8
7	5	1	9	3	8	2	4	6
8	4	3	2	6	7	9	1	5

PART 3

第13题

3	8	6	9	4	2	7	5	1
5	2	9	3	1	7	6	8	4
4	7	1	8	5	6	2	9	3
6	3	5	4	8	1	9	2	7
2	1	7	5	6	9	4	3	8
8	9	4	7	2	3	5	1	6
7	5	3	6	9	8	1	4	2
1	4	8	2	7	5	3	6	9
9	6	2	1	3	4	8	7	5

第14题

2	5	6	9	7	4	3	1	8
4	8	1	5	6	3	9	7	2
7	9	3	1	8	2	6	5	4
6	7	4	3	1	8	2	9	5
1	3	5	2	9	7	4	8	6
8	2	9	4	5	6	1	3	7
5	4	7	6	3	1	8	2	9
9	1	2	8	4	5	7	6	3
3	6	8	7	2	9	5	4	1

第15题

3	5	1	6	4	8	2	7	9
6	2	9	5	3	7	4	8	1
8	7	4	9	2	1	3	6	5
5	3	2	7	6	9	1	4	8
9	1	7	8	5	4	6	2	3
4	8	6	2	1	3	5	9	7
7	4	5	1	8	6	9	3	2
2	9	3	4	7	5	8	1	6
1	6	8	3	9	2	7	5	4

第16题

6	2	1	9	8	3	5	7	4
7	9	4	5	2	1	3	6	8
5	3	8	4	7	6	1	9	2
8	6	5	7	3	9	2	4	1
1	4	9	6	5	2	7	8	3
2	7	3	8	1	4	6	5	9
3	8	6	1	4	5	9	2	7
9	1	7	2	6	8	4	3	5
4	5	2	3	9	7	8	1	6

第三部分 谜题解析与答案

第17题

7	8	4	5	1	2	3	6	9
3	2	6	9	7	4	1	5	8
1	9	5	6	8	3	7	2	4
4	5	1	3	6	8	2	9	7
2	7	9	4	5	1	6	8	3
6	3	8	2	9	7	4	1	5
9	1	7	8	4	6	5	3	2
5	6	3	7	2	9	8	4	1
8	4	2	1	3	5	9	7	6

第18题

7	8	6	5	1	4	3	9	2
1	9	2	7	3	8	4	5	6
4	5	3	9	2	6	7	1	8
2	1	5	4	8	7	6	3	9
8	3	9	1	6	5	2	4	7
6	7	4	3	9	2	1	8	5
9	4	8	6	7	3	5	2	1
5	2	7	8	4	1	9	6	3
3	6	1	2	5	9	8	7	4

第19题

5	9	2	7	6	1	4	8	3
3	6	4	8	2	5	7	1	9
8	7	1	4	9	3	2	6	5
1	8	3	6	4	9	5	2	7
4	5	6	1	7	2	9	3	8
7	2	9	5	3	8	6	4	1
9	4	5	3	1	6	8	7	2
6	3	8	2	5	7	1	9	4
2	1	7	9	8	4	3	5	6

第20题

1	5	8	3	2	9	7	6	4
7	4	2	6	5	1	9	8	3
6	9	3	8	4	7	5	2	1
3	6	5	9	8	4	1	7	2
2	1	4	7	6	5	3	9	8
8	7	9	1	3	2	4	5	6
5	3	6	4	9	8	2	1	7
9	8	1	2	7	3	6	4	5
4	2	7	5	1	6	8	3	9

PART 3

第21题

5	6	9	2	1	7	8	4	3
2	4	7	3	8	6	1	5	9
8	1	3	9	5	4	6	2	7
7	2	1	6	3	9	4	8	5
3	8	5	1	4	2	7	9	6
4	9	6	8	7	5	3	1	2
9	5	4	7	6	8	2	3	1
1	7	8	5	2	3	9	6	4
6	3	2	4	9	1	5	7	8

第22题

7	2	1	9	8	5	4	3	6
9	5	6	3	4	7	1	8	2
4	3	8	2	1	6	9	5	7
2	8	4	7	9	1	3	6	5
6	1	7	5	3	8	2	9	4
5	9	3	6	2	4	7	1	8
1	7	5	4	6	9	8	2	3
8	6	2	1	7	3	5	4	9
3	4	9	8	5	2	6	7	1

二、中级谜题解析与答案

第23题解析

中级谜题与初级题相比，除了运用到直观法当中最基本的几种方法以外，还有可能用到比较进阶的直观法，比如区块排除法、唯一余解法、矩形排除法等。

下面来看本道题的解题思路，从1开始考察每个数字，如图3-28所示，单元格E5、I6中为数字1，根据单元排除法，第5、6列中的其他位置不会再有数字1，所以在小九宫格二里面，数字1必定出现在B4单元格。

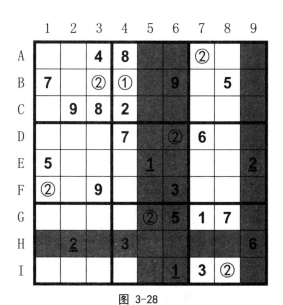

图 3-28

同理由于单元格E9、H2为2，根据单元排除法，横行H

和第9列其他位置不会有数字2。在小九宫格九中，数字2必定应该填入I8单元格。再根据I8、H2、C4单元格为数字2，利用单元排除法，可以推断在小九宫格八中，G5单元格必定为数字2。由于G5、C4、E9单元格为数字2，利用单元排除法，可以推断在小九宫格五中，D6单元格必定为数字2。再由D6、E9、H2单元格为数字2，可以推断在小九宫格四中，F1单元格必定为数字2。由F1、H2单元格为数字2，可以推出在小九宫格一中，B3位置单元格必定为2。由B3、C4、E9、I8单元格为数字2，可以推出，在小九宫格三中，数字2必定位于单元格A7中。至此，数字2的全部位置已经确定。

　　由于给定的条件限制，数字3、4无法进一步确定位置，接下来继续考察数字5。如图3-29所示，单元格E1、B8都为数字5，利用单元排除法，可以确定在小九宫格一中的A2单元格应该为数字5。再根据A2、B8、G6为数字5，利用单元排除法，可以推出小九宫格二中，C5单元格为数字5。根据单元格C5、E1、G6为数字5，利用单元排除法，可以推出在小九宫格五中，F4单元格为数字5。再根据B8、E1、F4单元格为数字5，利用单元排除法，可以推出在小九宫格六中，D9单元格应为数字5。由B8、D9单元格为数字5，可以推出，在小九宫格九中H7单元格为数字5。再由A2、E1、G6、H7单元格为数字5，可以推出在小九宫格七中，I3单元格必定为数字5。至此，数字5的所有位置已经确定下来了。

第三部分　谜题解析与答案

	1	2	3	4	5	6	7	8	9
A		⑤	4	8			2		
B	7		2	1		9		5	
C		9	8	2	⑤				
D				7		2	6		⑤
E	5				1				2
F	2		9	⑤		3			
G					2	5	1	7	
H		2		3			⑤		6
I			⑤			1	3	2	

图 3-29

	1	2	3	4	5	6	7	8	9
A		5	4	8			2		
B	7		2	1		9	×	5	
C		9	8	2	5		×		
D				7	⑨	2	6		5
E	5				1		⑨		2
F	2		9	5		3	×		
G					2	5	1	7	
H		2		3			5		6
I			5			1	3	2	

图 3-30

PART 3

187

接下来继续往下考察数字，由于数字6、7、8给定的条件不是太充分，所以直接考察数字9，如图3-30所示。在横行B、C、F中的B6、C2、F3单元格内都为数字9，根据单元排除法可知，这三行的其他位置不会再有数字9。此时观察第7列，可以发现，数字9必定出现在单元格E7中。由于单元格E7、F3为数字9，利用单元排除法，可以推出在小九宫格五里面，数字9必定出现在单元格D5内。

	1	2	3	4	5	6	7	8	9
A		5	4	8			2		
B	7	×	2	1		9		5	
C		9	8	2	5				
D		?	×	7	9	2	6		5
E	5	×	×		1		9		2
F	2	?	9	5		3			
G		×	×		2	5	1	7	
H		2	①	3			5		6
I		×	5			1	3	2	

图 3-31

由于数字9已经考察过，现在继续从数字1开始考察，如图3-31所示。在横行B、E、G、I中，由于单元格B4、E5、G7、I6中都为数字1，根据单元排除法，该四行中其他位置都没有数字1，因此在第2列中只有D2、F2两个单元格有可能为数字1，根据区块排除法，数字1在第2列可能出现的位置只在小九宫格四的D2、F2两个单元格内，所以小九宫格四中的其他位置单元格不会有数字1。因此D3单元格不会有数字1。这时再看第3列，只剩下H3单元格可能出现数字1，因此可以确定为此处是数字1。此处用到区块排除法就是本题的一个关键点，在中级题目里区块排除法算是比较进阶的解法之一。

利用单元排除法和单元限定法可以先后确定I2单元格为数字7，E3单元格为数字7，G3单元格为数字6，D3单元格为数字3，E8单元格为数字3，如图3-32所示。此时可以用上另一种进阶的解法——矩形排除法。

图 3-32

在第7、9列中,由于单元格D7、H9都为数字6,根据单元排除法,第7、9列中的其他位置不会有数字6,也就是说单元格B7、B9、F7、F9都不为6。再由于小九宫格六中D7单元格已经为数字6,所以该小九宫格中其他位置不可能为6,因此F8单元格不为6。此时观察横行B和横行F,在这两行中数字6都只可能出现在第2列和第5列,则此时可以使用矩形排除法。根据矩形排除法,第2、5列的其他位置不会有数字6,也就是说H5、I5单元格肯定没有数字6。又由于横行G、H中的G3、H9单元格为数字6,所以这两行的其他位置没有数字6。此时考察小九宫格八,可以看出数字6必定出现在单元格I4中。

	1	2	3	4	5	6	7	8	9
A	?	5	4	8	×	×	2	?	
B	7		2	1	⑥	9		5	
C	?	9	8	2	5	×		?	
D	×		3	7	9	2	6	×	5
E	5		7	4	1		9	3	2
F	2		9	5		3		×	
G	×		6	9	2	5	1	7	
H	×	2	1	3			5	×	6
I	×	7	5	6		1	3	2	

图 3-33

利用单元排除法和单元限定法可以确定G4和E4单元格分别为数字9和4，如图3-33所示。此时又可以用到一次矩形排除法。由于小九宫格六、七、九中的单元格D7、G3、H9为数字6，根据单元排除法可以断定，这三个小九宫格中其他位置没有数字6。又由于单元格D7为数字6，所以单元格D1不为6。综合上述判断来看第1列和第8列，这两列中的数字6都只可能出现在横行A和C中，此时可以利用矩形排除法推出，横行A和C的其他位置单元格中没有数字6。在小九宫格二中，数字6肯定应该填入单元格B5中。

运用了这次矩形排除法之后，其他位置的空格都可以由基本的直观法来解出。最终答案参照后面所列。

通过本部分谜题的训练，基本上就可以熟练应用区块排除法、唯一余解法、矩形排除法等进阶的直观法，之后，中级谜题应该不会难住您，您就可以去尝试更难一级的题目了。

第23题

6	5	4	8	3	7	2	9	1
7	3	2	1	6	9	8	5	4
1	9	8	2	5	4	7	6	3
4	1	3	7	9	2	6	8	5
5	8	7	4	1	6	9	3	2
2	6	9	5	8	3	4	1	7
3	4	6	9	2	5	1	7	8
9	2	1	3	7	8	5	4	6
8	7	5	6	4	1	3	2	9

第24题

5	4	1	2	8	3	7	6	9
6	8	7	9	4	1	2	3	5
3	2	9	5	7	6	1	8	4
2	5	6	4	1	9	8	7	3
1	7	8	3	2	5	9	4	6
9	3	4	8	6	7	5	1	2
4	1	2	6	5	8	3	9	7
8	9	5	7	3	4	6	2	1
7	6	3	1	9	2	4	5	8

第25题

3	6	1	8	4	5	2	9	7
4	2	8	7	9	3	5	6	1
7	5	9	1	2	6	3	4	8
8	4	6	5	7	1	9	2	3
2	3	7	6	8	9	4	1	5
9	1	5	2	3	4	7	8	6
5	9	3	4	6	8	1	7	2
1	8	2	9	5	7	6	3	4
6	7	4	3	1	2	8	5	9

第26题

4	7	3	2	1	6	9	5	8
6	2	9	8	4	5	1	3	7
5	8	1	3	7	9	4	6	2
3	6	2	9	5	1	8	7	4
7	1	5	4	3	8	2	9	6
9	4	8	6	2	7	5	1	3
1	9	4	7	8	3	6	2	5
8	5	7	1	6	2	3	4	9
2	3	6	5	9	4	7	8	1

PART 3

第三部分 谜题解析与答案

第27题

3	2	1	6	5	8	4	7	9
9	5	4	3	1	7	6	8	2
8	6	7	4	2	9	5	3	1
5	7	6	1	4	3	9	2	8
4	3	8	2	9	6	7	1	5
2	1	9	8	7	5	3	4	6
1	9	5	7	8	4	2	6	3
6	4	2	9	3	1	8	5	7
7	8	3	5	6	2	1	9	4

第28题

5	2	7	6	3	4	1	8	9
4	9	6	8	7	1	2	3	5
1	8	3	9	2	5	6	7	4
8	3	2	4	9	7	5	1	6
9	5	1	3	6	8	4	2	7
6	7	4	5	1	2	8	9	3
3	1	9	2	4	6	7	5	8
7	4	5	1	8	3	9	6	2
2	6	8	7	5	9	3	4	1

第29题

3	6	7	8	5	9	1	2	4
8	9	4	3	2	1	5	6	7
2	1	5	7	4	6	9	8	3
6	3	1	4	8	5	2	7	9
5	7	9	6	3	2	8	4	1
4	8	2	9	1	7	6	3	5
7	5	8	1	6	3	4	9	2
9	2	6	5	7	4	3	1	8
1	4	3	2	9	8	7	5	6

第30题

1	8	6	5	4	2	3	7	9
9	3	5	6	1	7	8	4	2
4	2	7	9	8	3	5	6	1
6	9	3	4	2	8	1	5	7
5	4	8	7	9	1	2	3	6
7	1	2	3	5	6	9	8	4
3	7	9	1	6	5	4	2	8
8	6	4	2	3	9	7	1	5
2	5	1	8	7	4	6	9	3

PART 3

第31题

1	5	4	2	3	6	8	9	7
3	7	2	8	5	9	1	6	4
9	8	6	7	4	1	2	5	3
6	2	5	1	8	4	7	3	9
8	1	9	6	7	3	4	2	5
4	3	7	9	2	5	6	8	1
5	4	8	3	1	2	9	7	6
2	6	3	4	9	7	5	1	8
7	9	1	5	6	8	3	4	2

第32题

5	4	6	3	8	9	2	1	7
2	8	3	6	7	1	9	5	4
1	9	7	4	2	5	6	8	3
3	1	9	2	5	6	4	7	8
6	7	4	8	1	3	5	9	2
8	5	2	9	4	7	3	6	1
9	3	8	7	6	4	1	2	5
4	2	1	5	9	8	7	3	6
7	6	5	1	3	2	8	4	9

第33题

3	1	7	5	4	8	6	9	2
9	8	2	6	7	3	5	1	4
5	4	6	9	2	1	8	7	3
6	2	5	3	1	9	7	4	8
8	7	1	4	6	5	3	2	9
4	9	3	7	8	2	1	5	6
2	5	9	8	3	7	4	6	1
7	6	8	1	9	4	2	3	5
1	3	4	2	5	6	9	8	7

第34题

4	5	8	2	3	9	1	6	7
1	2	6	7	8	4	3	5	9
3	7	9	6	1	5	8	4	2
8	4	2	5	7	6	9	3	1
6	3	5	1	9	8	2	7	4
7	9	1	4	2	3	6	8	5
5	6	3	9	4	1	7	2	8
9	8	7	3	5	2	4	1	6
2	1	4	8	6	7	5	9	3

第三部分 谜题解析与答案

第35题

2	1	5	8	4	7	9	3	6
7	6	4	1	3	9	5	8	2
9	8	3	5	6	2	1	4	7
3	7	8	9	2	1	4	6	5
1	5	2	6	8	4	3	7	9
4	9	6	3	7	5	2	1	8
5	4	9	7	1	6	8	2	3
6	3	1	2	5	8	7	9	4
8	2	7	4	9	3	6	5	1

第36题

7	5	6	3	2	4	8	1	9
4	2	1	9	8	7	6	3	5
9	3	8	6	5	1	4	7	2
2	6	5	4	1	8	3	9	7
1	7	4	5	3	9	2	8	6
8	9	3	7	6	2	1	5	4
5	1	9	2	4	3	7	6	8
3	4	7	8	9	6	5	2	1
6	8	2	1	7	5	9	4	3

第37题

1	7	9	3	8	4	5	6	2
8	4	2	6	9	5	3	1	7
5	6	3	2	7	1	4	9	8
7	3	5	9	1	8	2	4	6
9	8	4	5	2	6	1	7	3
2	1	6	4	3	7	8	5	9
3	5	1	8	6	9	7	2	4
6	2	7	1	4	3	9	8	5
4	9	8	7	5	2	6	3	1

第38题

4	6	5	9	8	7	1	2	3
7	8	3	1	5	2	6	4	9
2	1	9	4	3	6	5	7	8
1	7	8	2	4	9	3	6	5
3	9	6	8	7	5	2	1	4
5	2	4	6	1	3	8	9	7
6	5	1	3	9	4	7	8	2
9	3	2	7	6	8	4	5	1
8	4	7	5	2	1	9	3	6

PART 3

第39题

6	4	8	3	1	2	9	5	7
7	9	5	6	8	4	1	2	3
1	3	2	5	7	9	6	4	8
4	5	1	9	6	8	3	7	2
3	8	6	7	2	1	4	9	5
9	2	7	4	5	3	8	6	1
2	1	9	8	4	5	7	3	6
8	7	4	2	3	6	5	1	9
5	6	3	1	9	7	2	8	4

第40题

7	4	3	5	2	1	6	8	9
5	2	8	3	6	9	1	7	4
9	1	6	8	7	4	5	2	3
6	8	1	4	9	2	3	5	7
3	9	5	6	8	7	2	4	1
2	7	4	1	3	5	9	6	8
1	6	7	9	5	8	4	3	2
8	3	9	2	4	6	7	1	5
4	5	2	7	1	3	8	9	6

第41题

5	2	3	7	1	9	4	6	8
8	7	4	3	5	6	1	9	2
9	6	1	4	8	2	7	5	3
7	3	5	9	4	1	8	2	6
4	8	2	6	3	5	9	1	7
1	9	6	2	7	8	3	4	5
2	4	9	8	6	3	5	7	1
3	5	7	1	2	4	6	8	9
6	1	8	5	9	7	2	3	4

第42题

6	8	3	1	7	9	5	4	2
1	5	2	4	3	6	8	7	9
7	4	9	5	8	2	1	6	3
8	1	7	6	2	5	9	3	4
3	2	4	7	9	1	6	8	5
9	6	5	8	4	3	2	1	7
4	9	6	3	5	8	7	2	1
5	7	8	2	1	4	3	9	6
2	3	1	9	6	7	4	5	8

第43题

8	7	9	1	4	5	6	2	3
6	5	2	7	3	9	1	8	4
1	4	3	8	6	2	9	5	7
4	6	8	2	5	1	7	3	9
9	3	5	4	7	8	2	1	6
7	2	1	6	9	3	8	4	5
2	9	4	5	1	6	3	7	8
3	8	7	9	2	4	5	6	1
5	1	6	3	8	7	4	9	2

第44题

3	4	2	1	9	5	6	8	7
9	1	7	6	8	3	4	2	5
8	6	5	2	4	7	3	1	9
1	8	6	7	3	9	5	4	2
5	7	9	4	2	6	1	3	8
2	3	4	5	1	8	9	7	6
7	2	1	9	6	4	8	5	3
6	5	8	3	7	1	2	9	4
4	9	3	8	5	2	7	6	1

PART 3

三、高级谜题解析与答案

第45题解析

高级谜题在刚开始做的时候，用到的解题方法和前面初、中级是一样的，在前面的简单方法解不出来的时候，可以使用候选数法继续解题。

下面来看这道高级题的解题过程。前面利用基本的直观法可以将本题解到如图3-34所示的程度。此时E3单元格可以使用比较不容易看出来的唯一余解法。因为E3单元格所在的横行E、第3列和小九宫格四中，数字1~8全都出现了，唯独缺少数字9，所以可以断定该位置为数字9。一般来说，唯一余解法比较难看得出来，但一旦运用上了此方法就会另辟一条蹊径来解答题目。

	1	2	3	4	5	6	7	8	9
A			8	7		6	1	5	9
B	1	7		8		5	3		
C		5			1		8		7
D	7		1		5		6		
E		6	⑨	4	7	1	5	8	
F			5	6	2		9	7	1
G			2	5	6		7	1	
H	6		3	1		7	2	9	5
I	5	1	7				4		

图 3-34

接着运用直观法能解到如图3-35所示的程度，此时就该使用候选数法来解题了。

	1	2	3	4	5	6	7	8	9
A			8	7		6	1	5	9
B	1	7		8	9	5	3		
C	9	5			1		8		7
D	7		1		5		6		
E		6	9	4	7	1	5	8	
F			5	6	2		9	7	1
G		9	2	5	6		7	1	
H	6		3	1		7	2	9	5
I	5	1	7				4		

图 3-35

将所有的候选数填入到相应的空白单元格内，如图3-36所示。在小九宫格一中，我们很容易发现，B3和C3单元格都只有数字4、6。这样就构成了显式数对法的适用条件。在小九宫格一中，其他位置单元格的候选数4和6就可以删除掉。那么A1和A2单元格就都成了只有候选数2、3。此时观察横行A，会发现A5单元格中出现了隐式唯一候选数4，那么就可以确定A5单元格为数字4。接着可以推出H5、I5单元格分别8和3。再往下就会很简单地推断出其他位置的数字。

	1	2	3	4	5	6	7	8	9
A	2 3 4	2 3 4	8	7	3 ④	6	1	5	9
B	1	7	4 6	8	9	5	3	2 4 6	2 4 6
C	9	5	4 6	2 3	1	2 3 4	8	2 4 6	7
D	7	2 3 4 8	1	3 9	5	3 8 9	6	2 3 4	2 3 4
E	2 3	6	9	4	7	1	5	8	2 3
F	3 4 8	3 4 8	5	6	2	3 8	9	7	1
G	4 8	9	2	5	6	3 4 8	7	1	3 8
H	6	4 8	3	1	4 8	7	2	9	5
I	5	1	7	2 3 9	3 8	2 3 8 9	4	3 6	3 6 8

图 3-36

第46题解析

本题利用直观法解到一定的程度后，只能用候选数法来解答了。本题的一个关键在于运用显式数对法，观察第三列中的候选数，如图3-37所示。D3、E3单元格中的候选数都为2、8，根据显式数对法可知，第3列中其他位置单元格没有数字2和8，从而推出H3单元格应为数字6。后面的就很容易推断出来了。

	1	2	3	4	5	6	7	8	9
A			4	3	1		5		
B		8	1 2 3		6	5			7
C			2 3 6 7						1
D		7	2 8	6	3		1		
E		3	2 8		5	1	7	6	
F			5		7	2		8	
G	3		1 2 6 7						
H	8		2 ⑥	1	4			7	
I			9		8	3	2		

图 3-37

其他高级题目的详解过程就不再一一赘述,所用到的技巧都是类似的进阶解法,还是请您亲自来体验一下个中奥妙吧。这部分题目的答案详见后页。

PART 3

第三部分 谜题解析与答案

第45题

2	3	8	7	4	6	1	5	9
1	7	4	8	9	5	3	2	6
9	5	6	3	1	2	8	4	7
7	2	1	9	5	8	6	3	4
3	6	9	4	7	1	5	8	2
4	8	5	6	2	3	9	7	1
8	9	2	5	6	4	7	1	3
6	4	3	1	8	7	2	9	5
5	1	7	2	3	9	4	6	8

第46题

6	9	4	3	1	7	5	2	8
2	8	1	4	6	5	9	3	7
7	5	3	2	9	8	6	4	1
9	7	8	6	3	4	1	5	2
4	3	2	8	5	1	7	6	9
1	6	5	9	7	2	4	8	3
3	1	7	5	2	6	8	9	4
8	2	6	1	4	9	3	7	5
5	4	9	7	8	3	2	1	6

第47题

7	6	1	4	5	8	2	3	9
5	3	9	1	7	2	4	6	8
8	4	2	6	3	9	7	1	5
6	1	5	9	4	3	8	2	7
9	7	3	2	8	6	1	5	4
4	2	8	5	1	7	6	9	3
2	5	6	7	9	4	3	8	1
1	8	4	3	2	5	9	7	6
3	9	7	8	6	1	5	4	2

第48题

9	8	1	6	2	4	3	7	5
2	3	4	7	9	5	8	6	1
7	5	6	3	8	1	4	9	2
3	6	8	5	1	9	2	4	7
4	1	9	8	7	2	5	3	6
5	7	2	4	3	6	1	8	9
8	9	5	2	6	3	7	1	4
1	4	3	9	5	7	6	2	8
6	2	7	1	4	8	9	5	3

PART 3

第49题

5	3	2	1	8	4	9	6	7
9	8	7	6	3	2	1	5	4
6	4	1	9	7	5	8	3	2
3	5	4	7	2	9	6	1	8
8	1	9	4	5	6	7	2	3
2	7	6	3	1	8	5	4	9
7	2	3	8	6	1	4	9	5
1	9	5	2	4	7	3	8	6
4	6	8	5	9	3	2	7	1

第50题

8	1	3	7	5	6	4	2	9
9	5	4	3	2	1	7	8	6
2	7	6	9	8	4	3	5	1
4	6	7	1	9	5	2	3	8
5	2	1	8	3	7	6	9	4
3	9	8	4	6	2	1	7	5
7	8	2	6	1	9	5	4	3
6	3	5	2	4	8	9	1	7
1	4	9	5	7	3	8	6	2

第51题

8	2	9	7	1	3	4	6	5
5	6	7	4	8	9	3	2	1
1	3	4	2	6	5	8	9	7
7	1	6	9	4	2	5	3	8
4	5	3	8	7	6	9	1	2
9	8	2	3	5	1	7	4	6
2	7	5	6	3	4	1	8	9
3	9	1	5	2	8	6	7	4
6	4	8	1	9	7	2	5	3

第52题

9	3	2	5	7	4	6	1	8
4	8	7	6	1	2	3	5	9
6	1	5	8	9	3	2	4	7
7	4	1	3	6	9	5	8	2
8	9	6	2	5	1	4	7	3
5	2	3	4	8	7	9	6	1
3	5	9	7	4	8	1	2	6
2	7	4	1	3	6	8	9	5
1	6	8	9	2	5	7	3	4

PART 3

第三部分 谜题解析与答案

第53题

8	2	7	1	6	9	4	3	5
5	9	4	2	7	3	8	6	1
6	1	3	4	5	8	9	2	7
2	7	5	6	1	4	3	8	9
1	8	6	9	3	7	2	5	4
3	4	9	5	8	2	7	1	6
4	5	8	7	2	1	6	9	3
7	3	1	8	9	6	5	4	2
9	6	2	3	4	5	1	7	8

第54题

5	6	7	3	9	4	8	2	1
8	3	4	1	2	5	7	6	9
1	2	9	7	8	6	4	5	3
9	4	8	6	3	1	2	7	5
3	7	2	4	5	9	6	1	8
6	5	1	2	7	8	9	3	4
2	9	5	8	6	3	1	4	7
7	1	3	9	4	2	5	8	6
4	8	6	5	1	7	3	9	2

第55题

1	7	3	2	4	8	5	6	9
4	6	8	7	9	5	2	1	3
2	5	9	6	3	1	4	7	8
7	8	1	5	2	6	3	9	4
9	2	6	4	7	3	8	5	1
3	4	5	1	8	9	6	2	7
6	9	4	3	5	7	1	8	2
8	1	2	9	6	4	7	3	5
5	3	7	8	1	2	9	4	6

第56题

3	6	5	2	7	8	9	1	4
9	7	4	6	1	5	8	2	3
2	1	8	3	4	9	7	6	5
4	2	6	5	9	3	1	8	7
7	5	1	8	6	4	2	3	9
8	3	9	1	2	7	5	4	6
6	8	3	9	5	1	4	7	2
1	9	7	4	3	2	6	5	8
5	4	2	7	8	6	3	9	1

PART 3

第57题

8	3	7	5	6	9	4	1	2
4	9	1	8	2	7	6	5	3
5	2	6	1	3	4	7	8	9
3	8	9	7	5	2	1	4	6
6	4	2	9	8	1	3	7	5
7	1	5	3	4	6	9	2	8
9	5	3	4	1	8	2	6	7
2	7	4	6	9	5	8	3	1
1	6	8	2	7	3	5	9	4

第58题

7	5	9	6	1	4	3	8	2
8	3	6	5	9	2	7	4	1
1	2	4	3	8	7	6	9	5
6	1	3	9	4	8	2	5	7
4	8	7	2	5	6	1	3	9
2	9	5	1	7	3	8	6	4
9	7	2	8	3	5	4	1	6
3	6	1	4	2	9	5	7	8
5	4	8	7	6	1	9	2	3

第59题

1	7	8	6	4	3	5	9	2
2	5	4	8	9	1	3	6	7
9	6	3	5	7	2	8	4	1
6	8	5	3	2	4	1	7	9
7	9	2	1	5	6	4	3	8
4	3	1	9	8	7	2	5	6
3	4	9	2	6	8	7	1	5
5	2	7	4	1	9	6	8	3
8	1	6	7	3	5	9	2	4

第60题

2	1	5	8	4	6	7	3	9
8	7	4	1	9	3	5	6	2
9	3	6	5	2	7	8	1	4
5	2	1	6	3	9	4	8	7
3	6	8	4	7	5	9	2	1
4	9	7	2	8	1	3	5	6
1	4	2	7	5	8	6	9	3
6	5	9	3	1	4	2	7	8
7	8	3	9	6	2	1	4	5

第61题

5	9	8	1	6	7	2	4	3
3	4	1	2	9	5	8	6	7
2	7	6	3	4	8	1	9	5
8	6	2	5	1	3	9	7	4
9	3	7	6	2	4	5	1	8
4	1	5	8	7	9	3	2	6
7	2	3	4	8	1	6	5	9
6	5	9	7	3	2	4	8	1
1	8	4	9	5	6	7	3	2

第62题

3	1	8	7	4	6	2	5	9
9	6	7	2	8	5	4	3	1
5	2	4	1	9	3	6	8	7
8	4	2	3	7	9	1	6	5
1	7	3	6	5	8	9	4	2
6	9	5	4	1	2	3	7	8
2	5	1	8	6	4	7	9	3
7	8	6	9	3	1	5	2	4
4	3	9	5	2	7	8	1	6

第63题

7	4	5	3	1	6	8	9	2
9	8	6	7	4	2	5	1	3
3	1	2	8	9	5	4	7	6
6	3	1	4	2	8	9	5	7
2	7	8	6	5	9	3	4	1
5	9	4	1	7	3	2	6	8
8	5	3	9	6	7	1	2	4
4	2	7	5	8	1	6	3	9
1	6	9	2	3	4	7	8	5

第64题

8	5	3	6	9	1	4	7	2
1	2	7	4	5	8	6	3	9
4	6	9	3	2	7	1	8	5
2	7	4	8	3	6	5	9	1
3	1	6	5	7	9	2	4	8
5	9	8	2	1	4	7	6	3
7	8	5	1	6	3	9	2	4
9	3	1	7	4	2	8	5	6
6	4	2	9	8	5	3	1	7

第65题

4	8	9	5	2	7	1	3	6
5	1	7	6	3	8	2	9	4
3	6	2	1	9	4	8	5	7
6	5	3	9	4	2	7	1	8
1	2	8	7	5	6	3	4	9
7	9	4	8	1	3	5	6	2
8	3	5	2	6	9	4	7	1
9	7	1	4	8	5	6	2	3
2	4	6	3	7	1	9	8	5

第66题

6	9	1	4	7	3	8	5	2
8	4	5	9	6	2	7	3	1
7	3	2	8	1	5	6	9	4
5	7	4	2	3	8	9	1	6
9	1	6	5	4	7	2	8	3
2	8	3	1	9	6	4	7	5
3	6	8	7	5	4	1	2	9
4	2	9	3	8	1	5	6	7
1	5	7	6	2	9	3	4	8

PART 3

四、终级谜题解析与答案

第67题解析

终级谜题的解题过程相对来说更加复杂，除了用到前面几种题型中用到的解法，还有可能用到比较进阶的解题方法。当然也有的时候是多次运用了某种解题方法。

下面来看第一道题的解题过程，前面利用直观法解决不了的时候就要使用候选数法了，将第1列的候选数填入，如图3-38所示。

	1	2	3	4	5	6	7	8	9
A	3 4			3 4 6 7 8 9		1			
B	1 3 4		9	2					
C	8			3 6 7 9				4	
D	7	3	4	5	8	2	6	9	1
E	6	9	8	1	3	4	2	5	7
F	2	1	5	6 9		7	3	8	4
G	1 9		6	4 7 8 9	1 2 4 7 9	8 9		3	5
H	1 9			3 4 6 7 8 9	1 2 4 5 6 7 9	3 5 6 8 9			
I	5	4	3	6 9	1 2 6 9	6 9	7		8

图 3-38

PART 3

可以看到G1和H1单元格出现了显式数对1、9，则可以将该列中其他位置的候选数1、9删掉。于是单元格B1变为只剩候选数3、4。

再来观察第4列，其中F4、I4单元格中都只有数字6、9，根据显式数对法，该列其他位置单元格不应存在候选数6、9。在小九宫格八中，由于I4、I6单元格为数对6、9，所以同样可以运用显式数对法，将该小九宫格的其他位置单元格中的候选数6、9删除。

	1	2	3	4	5	6	7	8	9
A	3 4			3 4 7 8		1			
B	3 4		9	2					
C	8			3 7				4	
D	7	3	4	5	8	2	6	9	1
E	6	9	8	1	3	4	2	5	7
F	2	1	5	6 9		7	3	8	4
G	1 9		6	4 7 8	1 2 4 7	8		3	5
H	1 9			3 4 7 8	1 2 4 5 7	3 5 8			
I	5	4	3	6 9	1 2	6 9	7		8

图 3-39

经过上面三次的显式数对法，可以得到如图3-39所示效果。此时可以看到G6单元格出现了显式唯一候选数8。可以断定该位置为数字8。剩下的单元格就可以根据显式唯一候选数和隐式唯一候选数很简单地破解。

通过这道题的解答我们发现，越是进阶的解题方法，在实战中越难看得出来，这就要求我们多多练习，以熟练掌握各种进阶法的适用条件。

以下的题目无非也是用到前面所说的那些方法，在此就不一一赘述了，仅将部分题目的解题关键点进行分析，便于您更快地掌握高级谜题的解法。

第68题解析

本题的关键点就是使用显式数对法,当解到如图3-40所示的程度,就可以看到在横行C中,单元格C3、C7形成了显式数对。在小九宫格九中,单元格G8、I8也构成了显式数对。运用两次显式数对法之后,该题就可以较为轻松地破解了。

	1	2	3	4	5	6	7	8	9
A	5				6		7	8	
B		8	7		9		2	5	6
C	6	2 9	4 9	2 4 5 7 8	4 5 7 8	2 4 7 8	4 9	3	1
D	8	7	2	1		6		9	5
E		5						6	
F	9	6				5		2	7
G	2	4	8	6		1 3 5 9	1 7	3 9	
H			5		1		6	4	2
I			6		2		1 3 5 8 9	1 7	3 8 9

图 3-40

第69题解析

本题的关键点依然是使用显示数对法，解到如图3-41所示的情况下，可以看到小九宫格四和小九宫格九中都出现了显式数对。这里用到两次显式数对法之后，后面还有地方要用到，之后的谜题就可以用显式或隐式唯一法解决了。

	1	2	3	4	5	6	7	8	9
A				3	8			9	
B	2					9		6	3
C		9	3		6	7	5	8	
D	9	2 4	2 4					7	8
E	3	5	4 7 8		9			2	
F	6	1	2 4 7 8					5	9
G			9	6	3		8	1 4	1 2 4 5 7
H		3		9			1 2 4 7	1 4	6
I					1	4	9	3	2 5 7

图 3-41

第70题解析

本题的关键是用到了显式三数集法，如图3-42所示。在小九宫格四中，F1、F2、F3单元格中的候选数分别是2、5、8，2、5、8以及2、8。根据显式三数集法，这三个数必定只出现在这三个单元格内，因此可以将该小九宫格的其他位置出现的这三个候选数删掉。

	1	2	3	4	5	6	7	8	9
A	3	4							1
B			5			8	4		
C				4	7			2	
D	2 5 8 9	3	4	6					
E	7	1 2 5 6	1 2 6 9						8
F	2 5 8	2 5 8	2 8			1	9	6	
G		9			6	5			
H			3	8			2		
I	1								9

图 3-42

第71题解析

本题也用到了和上题一样的显式三数集法，如图3-43所示。在横行A中，A2、A7、A9单元格内的数对，都包含且只包含2、4、7这三个数，则2、4、7肯定只出现在该行的这三个单元格中，于是可以从该行的其他单元格中将这三个候选数删掉。

	1	2	3	4	5	6	7	8	9
A	467	247	124 567	124 58	**3**	245 678	247	**9**	4 7
B		**8**				**9**		**6**	**5**
C		**9**						**1**	**8**
D		**6**				**1**	**9**		**2**
E	**1**	**5**	**8**		**4**		**6**		
F	**2**		**9**	**6**				**5**	
G	**8**	**1**						**2**	
H	**5**			**7**				**3**	
I					**6**				

图 3-43

第67题

3	5	2	8	4	1	9	7	6
4	7	9	2	5	6	8	1	3
8	6	1	7	9	3	5	4	2
7	3	4	5	8	2	6	9	1
6	9	8	1	3	4	2	5	7
2	1	5	9	6	7	3	8	4
9	2	6	4	7	8	1	3	5
1	8	7	3	2	5	4	6	9
5	4	3	6	1	9	7	2	8

第68题

5	1	9	2	6	3	7	8	4
3	8	7	4	9	1	2	5	6
6	2	4	7	5	8	9	3	1
8	7	2	1	4	6	3	9	5
4	5	3	9	7	2	1	6	8
9	6	1	3	8	5	4	2	7
2	4	8	6	3	7	5	1	9
7	3	5	8	1	9	6	4	2
1	9	6	5	2	4	8	7	3

第69题

7	6	5	3	8	1	4	9	2
2	8	1	5	4	9	7	6	3
4	9	3	2	6	7	5	8	1
9	4	2	1	5	3	6	7	8
3	5	8	7	9	6	1	2	4
6	1	7	4	2	8	3	5	9
1	7	9	6	3	2	8	4	5
8	3	4	9	7	5	2	1	6
5	2	6	8	1	4	9	3	7

第70题

3	4	7	5	2	6	8	9	1
6	2	5	1	9	8	4	7	3
8	1	9	4	7	3	6	2	5
9	3	4	6	8	7	5	1	2
7	6	1	9	5	2	3	4	8
5	8	2	3	4	1	9	6	7
2	9	8	7	6	5	1	3	4
4	7	3	8	1	9	2	5	6
1	5	6	2	3	4	7	8	9

第71题

6	4	1	8	3	5	2	9	7
3	8	2	1	7	9	4	6	5
7	9	5	4	2	6	3	1	8
4	6	7	3	5	1	9	8	2
1	5	8	9	4	2	6	7	3
2	3	9	6	8	7	1	5	4
8	1	4	5	9	3	7	2	6
5	2	6	7	1	4	8	3	9
9	7	3	2	6	8	5	4	1

第72题

3	2	4	9	8	1	6	5	7
5	8	7	3	6	4	9	1	2
1	9	6	2	5	7	3	4	8
8	4	1	6	9	2	5	7	3
6	7	3	8	4	5	1	2	9
9	5	2	1	7	3	4	8	6
2	3	5	7	1	6	8	9	4
7	1	8	4	3	9	2	6	5
4	6	9	5	2	8	7	3	1

第73题

5	3	9	2	6	4	1	7	8
4	6	1	9	8	7	2	5	3
2	7	8	1	3	5	4	9	6
1	5	3	8	2	9	7	6	4
8	2	4	3	7	6	9	1	5
7	9	6	4	5	1	8	3	2
9	1	2	6	4	3	5	8	7
6	4	5	7	9	8	3	2	1
3	8	7	5	1	2	6	4	9

第74题

8	6	2	7	9	5	4	3	1
9	1	7	4	6	3	8	2	5
3	5	4	2	1	8	9	6	7
7	8	1	5	3	2	6	4	9
6	3	9	1	8	4	7	5	2
2	4	5	6	7	9	3	1	8
4	2	3	8	5	7	1	9	6
1	9	8	3	2	6	5	7	4
5	7	6	9	4	1	2	8	3

PART 3

第75题

5	2	7	6	3	8	1	4	9
9	6	4	2	5	1	7	8	3
8	3	1	7	9	4	2	5	6
1	9	3	5	2	6	8	7	4
7	8	6	1	4	3	9	2	5
2	4	5	8	7	9	3	6	1
6	5	2	9	1	7	4	3	8
3	1	8	4	6	2	5	9	7
4	7	9	3	8	5	6	1	2

第76题

6	1	8	7	9	3	2	4	5
3	4	9	6	2	5	7	1	8
7	2	5	4	1	8	3	6	9
2	8	6	3	7	9	4	5	1
9	5	3	8	4	1	6	7	2
1	7	4	2	5	6	9	8	3
5	6	1	9	3	4	8	2	7
8	3	2	1	6	7	5	9	4
4	9	7	5	8	2	1	3	6

第77题

9	5	7	8	3	2	1	6	4
1	8	2	5	6	4	9	7	3
3	6	4	7	9	1	2	8	5
7	3	8	2	1	6	5	4	9
2	1	5	9	4	7	6	3	8
6	4	9	3	8	5	7	2	1
5	9	6	4	7	3	8	1	2
8	7	3	1	2	9	4	5	6
4	2	1	6	5	8	3	9	7

第78题

6	2	8	5	7	4	9	3	1
5	1	9	2	3	8	7	6	4
4	7	3	1	9	6	2	5	8
9	6	1	8	2	7	5	4	3
8	5	4	9	1	3	6	7	2
7	3	2	6	4	5	8	1	9
3	8	7	4	5	2	1	9	6
1	4	6	7	8	9	3	2	5
2	9	5	3	6	1	4	8	7

第三部分 谜题解析与答案

第79题

1	5	3	6	7	4	2	8	9
7	9	8	3	2	5	1	4	6
4	6	2	8	9	1	5	7	3
2	8	5	4	6	9	7	3	1
3	4	6	2	1	7	8	9	5
9	7	1	5	8	3	4	6	2
8	3	4	1	5	6	9	2	7
6	1	9	7	4	2	3	5	8
5	2	7	9	3	8	6	1	4

第80题

9	3	8	5	6	2	1	4	7
5	2	4	8	7	1	3	6	9
7	1	6	4	9	3	2	5	8
3	4	9	6	5	7	8	1	2
6	7	1	2	8	4	9	3	5
2	8	5	1	3	9	4	7	6
4	9	7	3	2	6	5	8	1
1	5	2	7	4	8	6	9	3
8	6	3	9	1	5	7	2	4

第81题

3	2	5	8	7	6	4	1	9
4	9	7	1	2	3	6	8	5
8	6	1	5	4	9	3	2	7
9	5	4	7	6	1	8	3	2
7	1	6	3	8	2	5	9	4
2	3	8	9	5	4	1	7	6
6	8	9	2	1	5	7	4	3
1	4	2	6	3	7	9	5	8
5	7	3	4	9	8	2	6	1

第82题

6	1	8	5	3	7	9	4	2
7	4	2	9	1	6	5	3	8
5	9	3	4	8	2	6	7	1
8	3	6	7	2	5	4	1	9
4	2	5	8	9	1	3	6	7
9	7	1	6	4	3	8	2	5
1	8	9	2	6	4	7	5	3
2	6	7	3	5	8	1	9	4
3	5	4	1	7	9	2	8	6

PART 3

第83题

1	2	4	8	7	9	3	5	6
8	9	7	5	6	3	1	4	2
5	3	6	1	4	2	9	7	8
2	5	8	4	9	1	7	6	3
9	4	3	7	2	6	5	8	1
7	6	1	3	8	5	4	2	9
4	1	5	6	3	8	2	9	7
3	8	2	9	5	7	6	1	4
6	7	9	2	1	4	8	3	5

第84题

4	7	8	5	9	2	1	6	3
6	5	9	3	4	1	8	2	7
2	1	3	7	8	6	4	5	9
5	2	6	4	1	7	3	9	8
1	9	4	8	3	5	6	7	2
3	8	7	6	2	9	5	1	4
9	4	2	1	5	8	7	3	6
8	6	1	2	7	3	9	4	5
7	3	5	9	6	4	2	8	1

第85题

5	9	6	2	3	1	7	4	8
1	7	8	6	5	4	9	2	3
3	2	4	7	8	9	1	6	5
4	1	5	8	9	2	6	3	7
2	8	9	3	6	7	4	5	1
6	3	7	4	1	5	2	8	9
8	4	1	5	7	6	3	9	2
7	5	2	9	4	3	8	1	6
9	6	3	1	2	8	5	7	4

第86题

5	7	8	2	6	1	4	9	3
6	4	3	7	8	9	2	1	5
9	2	1	5	3	4	7	6	8
4	6	2	9	5	7	3	8	1
1	8	5	6	2	3	9	7	4
3	9	7	4	1	8	5	2	6
8	5	4	1	7	2	6	3	9
7	1	6	3	9	5	8	4	2
2	3	9	8	4	6	1	5	7

第三部分 谜题解析与答案

第87题

6	2	4	9	7	5	1	3	8
7	1	5	3	4	8	2	6	9
8	3	9	6	2	1	4	5	7
2	5	8	7	1	9	3	4	6
9	7	3	5	6	4	8	2	1
1	4	6	2	8	3	7	9	5
4	9	7	8	5	2	6	1	3
5	8	2	1	3	6	9	7	4
3	6	1	4	9	7	5	8	2

第88题

5	9	8	7	6	1	3	2	4
4	3	1	2	9	5	8	6	7
7	6	2	4	8	3	5	9	1
8	5	7	6	1	4	9	3	2
6	1	4	9	3	2	7	8	5
9	2	3	5	7	8	4	1	6
2	4	9	8	5	6	1	7	3
1	8	5	3	2	7	6	4	9
3	7	6	1	4	9	2	5	8

第89题

2	5	6	3	1	7	8	9	4
8	4	3	5	9	2	6	7	1
7	1	9	4	8	6	3	2	5
1	2	7	8	6	4	5	3	9
3	6	8	7	5	9	1	4	2
5	9	4	1	2	3	7	8	6
4	7	5	2	3	1	9	6	8
9	8	2	6	7	5	4	1	3
6	3	1	9	4	8	2	5	7

第90题

5	2	7	8	3	1	4	9	6
1	9	6	4	7	5	3	8	2
3	8	4	9	6	2	7	1	5
4	7	9	2	1	6	5	3	8
2	5	3	7	9	8	6	4	1
6	1	8	3	5	4	2	7	9
8	6	5	1	4	3	9	2	7
7	3	1	6	2	9	8	5	4
9	4	2	5	8	7	1	6	3

PART 3

第91题

6	9	1	8	2	7	3	5	4
2	4	5	3	9	1	6	7	8
7	8	3	4	6	5	2	9	1
9	2	7	5	4	8	1	6	3
8	1	4	9	3	6	7	2	5
5	3	6	1	7	2	4	8	9
4	7	8	6	1	9	5	3	2
3	6	9	2	5	4	8	1	7
1	5	2	7	8	3	9	4	6

第92题

1	9	5	6	2	4	8	3	7
6	3	7	9	8	1	2	5	4
4	8	2	5	3	7	6	1	9
9	1	3	8	4	5	7	6	2
7	2	8	1	6	9	3	4	5
5	6	4	2	7	3	1	9	8
8	4	6	3	5	2	9	7	1
3	5	1	7	9	8	4	2	6
2	7	9	4	1	6	5	8	3

第93题

3	7	8	5	2	4	1	6	9
2	5	9	3	1	6	8	4	7
4	6	1	8	9	7	3	5	2
5	3	7	1	6	2	4	9	8
8	1	2	9	4	3	5	7	6
6	9	4	7	5	8	2	3	1
1	2	3	6	7	5	9	8	4
7	4	5	2	8	9	6	1	3
9	8	6	4	3	1	7	2	5

第94题

3	8	4	2	5	6	9	1	7
1	6	5	8	7	9	4	3	2
2	7	9	4	1	3	8	6	5
8	2	6	5	3	1	7	9	4
4	9	1	7	2	8	6	5	3
7	5	3	9	6	4	1	2	8
6	4	2	1	8	5	3	7	9
9	3	7	6	4	2	5	8	1
5	1	8	3	9	7	2	4	6

PART 4

附录

关于数独那些个事儿

数独游戏技巧 | 从入门到精通

　　数独，这个看起来平凡普通、规则简单的小游戏如今真可谓风靡全球。不过是简简单单的九行、九列、九个九宫格，只需要把1~9九个简单的数字不重复地填入相应的格子，甚至连加、减、乘、除这些基本的数学运算都不需要，简言之就是"认识数字就能玩"。您一定想知道，就是这样的一个数字游戏，究竟有什么样的魅力让数以千万计的人们为之着迷？下面我们就为您揭开数独神秘的面纱，让您全面了解它。小心，您也会着迷哟！

一、为什么叫做"数独"

　　数独，英文名为sudoku，有报道称，由于数独的极速走红，sudoku（数独）一词已被决定编入下一版本的《牛津英语词典》。这一称谓严格来讲是来源于日语，含义是"单独的数字"或"只出现一次的数字"，也可理解为"独数"。如果了解数独的游戏规则，这一命名并不难理解。数独本身就是单个数字的游戏，它利用的并不是数字本身的数学关系，而是它们之间的逻辑关系，即每一行、每一列、每一个小九宫格中1~9这九个数字不重复。这一游戏本身的精髓并不在于是否是数字或者说是否真正与数学相关，同理替换成其他单独的元素也是成立的，比如将1~9这九个数字换成"A、B、C、D、E、F、G、H、I"甚至"赤、橙、黄、绿、青、蓝、紫、黑、白"都可以，只要是九个不相同的元素就可以了。您看下面附图1这道"字独"谜题是不是另有一番感觉。

	黄	青	黑		白			蓝
蓝		黑					绿	
	橙	白	青	赤	蓝		黑	
		橙	赤	白	黑			
			蓝	黄	紫	白		
	紫		绿	蓝	青	黑	黄	
	绿					紫		赤
橙			白		赤	蓝	青	

附图1

事实上，类似这样的拼字游戏也是存在的，但是并没有得到大范围推广，虽然原理是相同的，但是"数独"之所以是"数独"而不是"字独"的原因，可能就要归结于阿拉伯数字的独特魅力。首先数字是无国界的，不存在文化差异问题，可推广性更强；其次，数字的认知范围更广，我们的启蒙教育一定是和数字相关的,这也就使得数独有了更广泛的"适用"人群,无论小孩还是成年人或者是年长者都可以体验到数独带给我们的无穷乐趣;最后,很显而易见的,数字具有更简洁明了的外观,在我们需要进行严谨缜密的判断推理时,使用数字无疑更方便更清楚。通过以上分析,我们对数独这个游戏已经有了进一步的了解。那么,究竟这么好玩的游戏是怎么来的呢?让我们进入下一个问题。

二、数独的起源

提到数独,不能不提到伟大的数学家莱昂哈德·欧拉。欧拉是18世纪数学界最杰出的人物之一,1707年出生于瑞士巴塞尔,从小就对数学产生了浓厚的兴趣,13岁就考入巴塞尔大学读书,15岁大学毕业,16岁获硕士学位,无论是在当时还是现在这都是一个奇迹。他不但为数学界作出贡献,更把数学推至几乎整个物理的领域。据统计,他一生共写了886本图书和论文。除了数学方面的著作,他还写了大量的力学、分析学、几何学、变分法、弹道学、航海学、建筑学方面的著作,《无穷小分析引论》、《微分学原理》、《积分学原理》等都成为数学中的经典著作,而以欧拉命名的重要常数、公式、定理等更是屡见不鲜。欧拉一生曾在瑞士、俄国和德国学习和工作过,至今这三个国家都以欧拉为荣,都把他称为自己国家的数学家。

就是这位伟大的瑞士数学家，在1783年发明了一种当时称作"拉丁方块"（Latin Square）的游戏，这个游戏是一个 $n×n$ 的数字方阵，每一行和每一列都是由不重复的 n 个数字或者字母组成的，这被认为是数独最早的雏形。但由于种种原因，在当时并未得到广泛推广。

另外，对于我们中国人而言，提到数独，尤其是提到数独里面的"九宫格"，不禁会使我们产生联想。数千年前，我们的祖先就发明了洛书，儒家典籍《易经》中的"九宫图"也源于此，故称"洛书九宫图"。其特点较之现在的数独更为复杂，不仅仅要求简单的九个数字不能重复，而是要求纵向、横向、斜向上的三个数字之和等于15。而"九宫"之名也因《易经》在中华文化发展史上的重要地位而保存、沿用至今。相传"九宫格"为唐代书法家欧阳询所创制，是我国书法史上临帖写仿的一种界格，又叫"九方格"，即在纸上画出若干大方框，再于每个方框内分出九个小方格，以便对照法帖范字的笔画部位进行练字。熟悉《射雕英雄传》的朋友对这个情节一定不会陌生，瑛姑曾为"九宫格"百思不得其解，并以此来考黄蓉，作为东邪黄药师的女儿聪明机灵的黄蓉解这样的题目自然不在话下，她给出的答案就是"戴九履一，左三右七，二四为肩，六八为足，五守中央"，即如下面附图2所示。

4	9	2
3	5	7
8	1	6

附图2

这就是一个标准的"九宫格",不难发现,其纵向、横向和斜向上的数字之和均为15。并且,古人还赋予这些数字不同的方位以及五行属性,与八卦相匹配,同时广泛应用于医学、建筑学等领域,给我们今天的文明发展做了相当多的铺垫。

三、谁动了数独

那么数独究竟是怎样推广开来的呢?究竟谁是第一个吃螃蟹的人呢?

如果撇开欧拉早在1783年就发明的"拉丁幻方"这一数独的前身不讲,如今数独的雏形首先是在20世纪70年代美国的一家数学逻辑游戏杂志《戴尔铅笔字谜和词语游戏》(Dell Puzzle Magazines)上刊登的数独游戏,当时人们称之为Number Place("数字拼图"),也就是在这个时候,9×9的81格数字游戏才开始成型。

1984年4月,在日本游戏杂志上首次出现了"数独"游戏，提出了"独立的数字"的概念，意思就是"这个数字只能出现一次"或者"这个数字必须是唯一的"，并进而将这个游戏命名为"数独"（sudoku），意为"独立的数字"的省略，因为每一个方格都填上一个个位数。

真正使数独实现全球化的"功臣"是曾经担任香港高等法院法官的新西兰人古尔德。他在1997年3月前往东京游玩时注意到了刊登"数独"游戏的杂志，从此便一发不可收拾。退休后的古尔德用了六年的时间设计了"数独"游戏的电脑程序，还创立了一个专门提供这种游戏的网站。并且他还成功地引起了《泰晤士报》的兴趣，使其于2004年开始刊登这种"数字游戏"，时任《泰晤士报》主编的迈克尔·哈维回忆说："没过几分钟，我就意识到这是一种令人叫绝的游戏。"就在《泰晤士报》发表数独游戏的两天后，《每日邮报》从另一位提供者那里拿到了一个类似的游戏，其他报刊也竞相加入了这场"数独争夺战"。时至今日，数独几乎成为一项新的全民运动，许多报纸杂志争相刊登数独游戏，与此同时还涌现出了大量关于数独游戏的书籍，专门推广此类游戏的网站也纷纷出现，更因数独的流行衍生了许多类似的数学智力拼图游戏，如数和、变形数独等。人们对数独的热情持续增温，而且不少人认为数独也会像填字游戏一样经久不衰。

四、数独究竟好玩在什么地方?

究竟数独有什么样的独特魅力,会在全球范围内引起这么广泛的关注和追捧呢?主要有以下几方面的原因。

(1)数独之所以为数独,很大程度上就是由于阿拉伯数字本身的独特魅力。不仅没有国家、地域、民族、文化的差异,而且玩起来轻松有趣。数独本身游戏规则十分简单,即便是从来没玩过或者压根对数字不感冒或者像小孩子仅仅是刚认识1~9这九个数字,也能很快上手,如此轻松简单就能入门且能浅尝其中趣味,怎能不让人爱不释手、欲罢不能呢?但是,可不要因为入门容易就小看它哦!如果想体味数独带来的更多乐趣,仅仅入门是远远不够的,它就是有这种魔力吸引你想要不断提高自己的技巧,这也正是本书意图帮您实现的目标。

(2)数独大获青睐的另一个原因是游戏目标容易理解,几乎很难找到比数独规则更简单的游戏了。但就是这个简单的数字游戏,却被英国的顶尖数学家寄予了重新点燃青少年数学兴趣的厚望。亚伯数学奖得主、英国数学家麦克尔·阿提亚在就任爱丁堡皇家协会主席时就曾说过,"所有类型的数学游戏都是好东西"。他相信,数独游戏能够提高年轻人对数学的兴趣。现在,许多数学老师都在利用这个与数学没太大关系,但可以训练逻辑思考能力的游戏。这正是数学教师想要寻找的，因为学生喜欢它，并能从完成游戏中获得满足感，它能给学生成功的机会，并训练他们缜密思维，因为在游戏中只要犯了一个错误就得从头开始。数独游戏会像20世纪80年代的魔方一样，引发孩子们对数学的兴趣。

（3）数独从表面上来看是与数学相关的，但它同时也是对人们思维能力的一种综合锻炼，是一种全方位锻炼大脑的体操。解答数独题目的过程，实质上是进行一次次严密逻辑推理的过程，比如在一行中除了6其他的数字都已知的话，那么毫无疑问剩下的那个空格就肯定是6，这就是通过运用已知条件推理得到的结论，当然这仅仅是一个最简单不过的例子。在实际的解题过程中，除了要用到一些清楚明了的已知条件外，还经常会需要你自己去假设去排除去归纳。

显而易见，数独对逻辑思维能力的锻炼会是卓有成效的。而事实上，数独对我们大脑的锻炼还不仅仅局限于逻辑思维，它还能全面激发左右脑潜能，这对孩子幼年时的智力开发无疑是很有帮助的。同时它还能常保脑细胞的活力。据称数独有望取代麻将成为预防老年痴呆症的最有效的益智游戏。在进行数独游戏的过程中，对人们毅力和专注力也是个很大的挑战，因为它需要你全身心的投入，任何三心二意的情况下都不可能又快又好地完成谜题，这对培养我们良好的学习、生活态度都是不无裨益的。

（4）数独作为一种游戏，本身当然还具备游戏的趣味性。

如今，书桌旁、沙发上甚至在地铁上、火车上、飞机上到处能看到人们专心致志"数独"的身影，数独在给人们带来无尽的游戏乐趣的同时，也帮人们消磨了那些本就"无处安放"的时间，而且还给大脑做了一次全方位的锻炼，何乐而不为呢？也许某天人们见面，都会亲切地问一声"今天你数独了么？"

另外，这种老少咸宜的益智游戏还适用于全家集体参与，执行起来比较容易，不受场地人员限制，既使大家都享受到了游戏的乐趣，也融洽了家庭气氛，不失为和谐家庭的一种方式，不妨试试吧。

五、玩数独一定要知道的那些事儿！

1. 数独谜题的解是否唯一？

严格来讲，是存在有两个或者两个以上解的数独题目的。但就这个问题，值得展开讨论一下。我们先来设想一下，假设我们面前摆着一道含有不唯一解的数独题，那么在我们运用逻辑推理进行解题的过程中，必然会遇到这种情况，就是具体到某几个方格所填的数字无论怎样考虑都不能判断出唯一解，这种时候我们势必要用到猜测、假设或者代入法等非逻辑的方法才能解出答案，且不是唯一解。这样一方面必将浪费我们的时间，另一方面也失去了推理的乐趣，这样的谜题解起来将会味同嚼蜡、倍感乏味，会使解题原本给我们带来的乐趣和成就感大打折扣。试想一下，这样的数独题还会那么有趣那么吸引人么？

数独之所以能广受欢迎和追捧，很大程度上就在于它本身暗藏的严密逻辑性以及基于此产生的趣味性。因此，从某种意义上说，数独题如果解不唯一那就失去了数独的本质，可以说是失败的数独题。

下面来看一道有多个解的谜题，如附图3所示，其答案有很多个，这里列出两个供您参考，如附图4、图5所示。

				5	1			
					3		6	2
		8					1	
	9		1		8	6		
7		5	3	9	6	2		8
		3	5		4	1	7	
	3					9		
8	2		4					
			2	3				

附图3

2	7	4	6	5	1	8	9	3
9	5	1	7	8	3	4	6	2
3	6	8	9	4	2	5	1	7
4	9	2	1	7	8	6	3	5
7	1	5	3	9	6	2	4	8
6	8	3	5	2	4	1	7	9
1	3	7	8	6	5	9	2	4
8	2	9	4	1	7	3	5	6
5	4	6	2	3	9	7	8	1

附图4

2	7	4	6	5	1	8	9	3
9	5	1	7	8	3	4	6	2
3	6	8	9	4	2	5	1	7
4	9	2	1	7	8	6	3	5
7	1	5	3	9	6	2	4	8
6	8	3	5	2	4	1	7	9
5	3	6	8	1	7	9	2	4
8	2	7	4	6	9	3	5	1
1	4	9	2	3	5	7	8	6

附图5

从我们的惯性来考虑，感觉好像如果一道数独题设计出多于一个解会更有难度更需要技巧。事实上恰好相反。恰恰是那些没有经过设计或者说设计不够巧妙的数独题，出现一个以上解的可能性才会比只有一个解的可能性大许多倍。而设计出只有一个唯一解的数独题才是真正需要技术含量的。数独题的设计并不如我们想象的那样，将一个填满数字的格子随便去掉一些数字就可以的。因为每一个格子都必定处在一行、一列和一个九宫格中，与之相关数字的关系是错综复杂的，颇有点"牵一发动全身"的意思，正是需要严密周全地设计，才能使之完全符合逻辑推理的必然性和唯一性。

所以说，数独谜题并不是都只有唯一解，但只有那些有唯一解的题目才是真正有含金量的题目，也只有这样的题目才能使我们真正全方位地锻炼自己的思维能力。

2. 解一道数独题一般需要多长时间？

一般而言，难度级别越高我们需要耗费的时间就会越长，因为难度级别高也就意味着我们需要运用更多的推理判断以及更巧妙的技巧。

针对不同程度的数独玩家而言，解题时间也是有很大差别的。就刚刚入门的初级玩家而言，因为还不能完全适合数独的思维方式，或者说是还没有完全习惯数独的推理思路，即便是解入门级别的谜题花上几十分钟也是很正常的。经过一段时间的练习，对于数独解题的一些简单方法已经能运用自如了以后，解题时间也会有较大程度的缩短。如果能用十来分钟到半个小时解出一道中级谜题，您算已经跨进数独世界的大门了。而对于高级别的数独题而言，人与人之间完成时间的差距也就会更大,很难有一个统一的衡量标准。因为一方面这些数独题如果不运用一些特殊的技巧如候选数法,仅仅通过直观推理是很难解题的,人们掌握的技巧不同解题时间相差很多也是很好理解的;另一方面,每个人习惯的思维方式以及较为敏感的数字都是不一样的,针对不同设计方式的数独题其适应性也会有一定的差别。值得说明的是,其实完成一道数独题究竟耗费了多少时间真的并不是那么重要,不要过分地在意,最关键的是我们在解题过程中锻炼了自己的思维能力,体味到了完成题目过程中的那些快乐和成就感,这不就足够了么?

3. 数独题能有多少种?

目前,数独正在全球范围内疯狂流行中,到处都有不同的数独题,人们会不会有这种疑问,是不是会有那么一天,所有的数独题都已经做完了,就没有题目可做了?

其实这种担心是大可不必的,因为即便是同一个数独谜题,经过适当的变形之后,也会显出完全不同的面貌,在不影响对称分布的情况下,只用一个数独谜题通过刚性变形、区块调整变形或者代数变形等方式就可变形出209018880个不同的数独谜题,更何况数独谜题本身的数量就是一个庞大的数字。

再者,也可以通过以下具体实例来帮人们消除这种疑虑。如附图6所示，这是一道解答完全的数独题目。

2	7	1	6	5	4	8	9	3
5	6	8	3	9	7	2	4	1
9	3	4	2	8	1	6	5	7
4	5	9	7	2	8	1	3	6
8	2	3	9	1	6	5	7	4
6	1	7	4	3	5	9	2	8
7	4	2	1	6	9	3	8	5
3	8	6	5	7	2	4	1	9
1	9	5	8	4	3	7	6	2

附图6

这里需要提到一种数独谜题的制作方法——"挖洞法"，顾名思义，就是将填满的数独谜题根据一定的设计原则挖去部分数字，使之可以用逻辑推理方法求得唯一解。而通过运用这种方法可以得到附图7、附图8两道截然不同的题目，并且难度也不相同哦，您不妨亲自动手试一下。

根据这个制作方法，只用一个数独谜题的模型，就可以挖出几十甚至上百个不同难度级别的数独来。我们不难想象，一个模型即可挖出上百个不同的谜题，何况据说我们可用的数独模型有约6670900000000000000000个，这无疑是个庞大的数字，那么能挖出的数独题目岂不更是一个天文数字。所以，我们完全没有必要担心，就只管放心大胆地做吧，数独题目可是没有最多、只有更多呀！

			6	5	4			
	6	8						
9						6		7
4	5						3	
			9		6			
	1						2	8
7		2						5
						4	1	
			8	4	3			

附图7

		1		5				3
		8		9	7		4	
9						6		
4	5						3	
			9		6			
	1						2	8
		2						5
	8		5	7		4		
1				4				

附图8

4. 数独题的难易度与什么有关？

要搞清楚这个问题，首先我们要了解数独题目的难易度究竟是如何判定的。一般而言，是根据通过计算解答该题目进行推理步骤的多寡来判断的。难度级别越高的题目就需要越多的推理步骤，相应的解题所需要消耗的时间通常情况下也就会更长。

因为数独题目很基本的一个原则是要根据已知数字的提示进行推理的，那么已知数字的多少是不是影响题目难易度的关键因素呢？我们一般会认为，给出的已知数字越多题目就会越好解，难度级别也就应该越低，因为提示越多嘛。但事实上并不尽然。数独题目的难度并不仅仅受所给已知数字的多寡左右，而是取决于题目的设计技巧。初级题目给出已知数字的数量比中级题目的少这种情况也是很常见的，有心的话您可以找找看！

5. 数独题目需要对称吗？

如果抛开解题过程单纯就谜题本身进行分析，我们不难发现，有相当一部分题目很有趣，已知数字是呈对称分布的。这种题目的设置究竟有什么过人之处呢？是像数独题最好只有唯一解那样，数独题还需要对称才会更好吗？

其实，数独题的对称是人为设置的，并不是衡量数独题目好坏的决定因素之一。之所以这样设计，据说是日本人的杰作，除了强调数独题目的唯一解外，他们还主张解题过程应该是更愉快更富有趣味的，而把数独题目设置成对称分布无疑会为解题过程增添更多乐趣，就连仅是看到题目本身也是很有趣的一件事。另外，在计算机技术高度发达的今天，用计算机编程设计数独题目是很容易实现的，但是只有人为设计才能绝对地实现数独题目的对称性，这种难度更高的"手工定制"题目也就可以明显地与那些计算机编程生成的"泛泛之辈"有了明显区别，这对题目设计者来说无疑能够增添更多成就感。不过，事实上通过特定的设置用计算机生成对称的数独题目也并不是什么难事，既然这种题目会有"更有趣更好玩"的认同性，那么越来越多的对称性数独题目与我们见面也就不难理解了。

与此同时，凡事都要看到它的两面性，对称数独题给我们带来更多趣味的同时也会对数独本身产生一定的负面作用，有时候就会为了迁就实现数独题目的对称性这一目的而以牺牲题目的难度为代价，也会有一些构思很巧妙的题目仅仅因为不对称而无法与我们见面，这些都不失为一种遗憾。其实，数独的乐趣主要是通过解题过程来体味，只要题目设计合理巧妙，无论题目是不是对称、是不是好看，都一样可以很好玩很有趣，那么，我们也就大可不必机械地拘泥于题目的外观形式了，不是吗？

6. 一个有趣的猜想——每一道数独题都有解吗？

是否任意给定一些数字都会有解呢？由于数独的谜题实在是太多了，再加上可以通过挖洞法制作题目，不管怎么挖都会有解，于是有人不禁要问：“是不是在不违反数独填制规则的前提下，在数独表格中随机放置任意的一些数字后都能够有解呢？”

答案绝对是否定的。数独题目的设计绝对是需要一定技巧的，可不是这么随随便便填一填数字就可以的。有人说：“我填的数字都符合游戏规则，每一行、每一列、每一个小九宫格里的数字都没有重复的，这样总该行了吧？”那也不见得！不信，来试试下面附图9所示的这道谜题吧，它的已知数字的放置可是完全符合数独规则的哦，等你耐心地做一下你会发现它就是没有解。

					9		8	
	6		7			2		
9		1						
5					1			3
	1			2			6	
8			6					4
						8		1
		6			3		2	
	9		1					

附图9

7. 变形数独

在数独发展的相当长的一段时间里，它的形式也发生了一些变化，形式已经多种多样，如果按不同条件细分绝不下百种，而且数量还在不断增加中。

所谓变形数独，即改变或增加一些标准数独的条件或规则，形成一些新的数独题目，有的变形数独也会同时具备多种变形条件。根据变形条件的不同，我们粗略地分以下几种简要介绍。

（1）根据使用数字的数量不同，可以有4字数独、6字数独、16字数独、25字数独等，与此对应的数独的形状也会发生改变。

E		C		1	B		F		7	0			9	8	
	7		1			4	2		9	6		D	C	B	F
D	8	F	0		5		B				4				
B	9		2		A		F	4	C		3	1	0		7
		E	6	5		2	A		8	F	9				4
F	B			1		6	9	0		C				2	D
	D		5				3	6	7		A	F			E
A	0	7	8		C		2				D	6			3
	A			4	2		D							3	C
		8	B		7	E	5					D	1	0	
C		2	D	6	3				A	4	9		F	B	
	6	3	4			B	1			E		8			
8	E	B	9	4				3	2			F	0	5	
	2		F	6		E	C	8	A	0	5		7	D	
0	3		7	B				4	1			8		6	A
		A	C	F	D	0	E	B		7	2	3		1	

附图10

附图10所示的是一道16字数独，其规则是每一行、列及小宫格中都不重复地填入数字0 ~ 9以及字母A ~ F。

（2）通过增加限制区域的类别可以有对角线数独、额外区域数独、彩虹数独等，这一类数独通常都是给定一个特殊区域如对角线区域内包含1 ~ 9九个数字不重复。

		7		9		3		1
9			3		2		6	7
					4	9		
1	6	3						
	7			3				6
8				6			1	
6		5	8					
	2	4	1					5
		8				4		

附图11

附图11所示的是一道对角线数独，其除了要满足普通标准数独的规则外，还要求对角线（即图中的阴影部分）上的数字也是1 ~ 9且不重复。

（3）宫形发生变化有锯齿数独，也有多个数独叠加起来的，如连体数独、武士数独、超级数独等。

附图12所示的是一道武士数独，就是将5个标准数独叠加到一起,其中两两叠加重叠的部分要同时满足两个标准数独的填制规则。

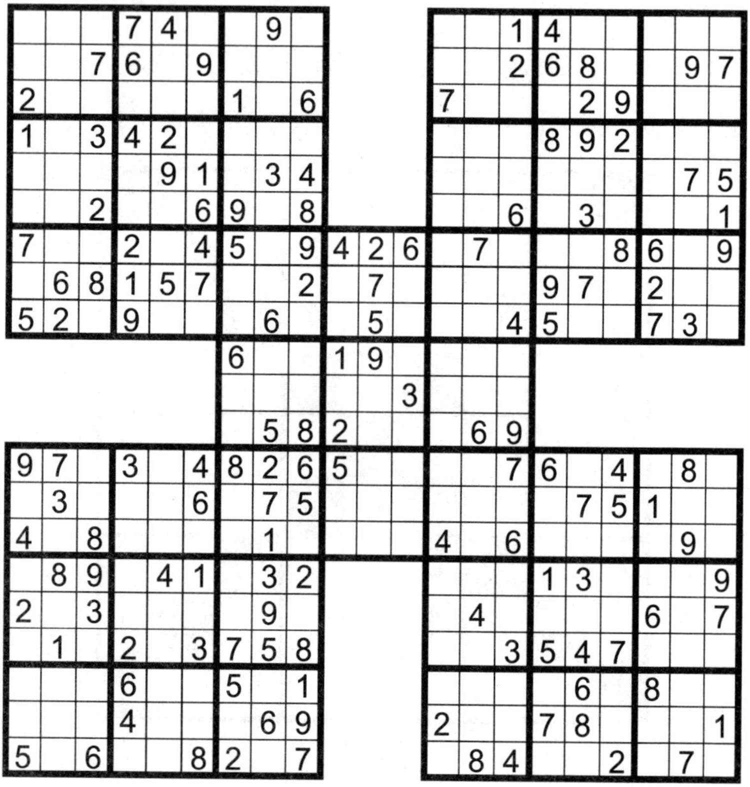

附图12

(4)也有用其他元素代替已知数字的变形数独,如有字母数独、骰子数独、数码数独等。

(5)利用单元格内数字之和或乘积等关系的有杀手数独、边框数独、箭头数独、魔方数独、算式数独等。

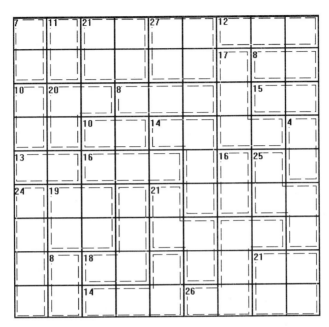

附图13

附图13所示的是一道杀手数独,其除了满足标准数独的条件外,还要求虚框中的数字之和等于其左上角标注的数字。

(6)需要多个数独条件配合才能解题的有三合一数独、双胞数独等。

(7)通过限制单元格数字属性的有奇偶数独、大中小数独、毛毛虫数独等。

(8)非方形数独有圆环数独、立方体数独、六角数独、蜂窝数独等。

(9)利用相邻单元格内数字的关系有连续数独、不等号数独、堡垒数独、XV数独、黑白点数独等。

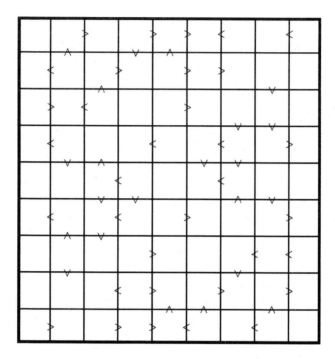

附图14

附图14所示的是一道不等号数独,其除了满足标准数独的条件外,还要求相邻单元格中的数字大小满足其中所示的不等号关系。

以上这些分类也并没有包含全部的变化条件,只是一些较为常见的大类,还有不少变形数独未一一列举。其实数独的变形条件是无限的,只要有丰富的想象力,就可以创造出专属自己的新型变形数独。虽然变形数独看似变化万千,但其实万变不离其宗——同一限制区域内不能出现重复数字。只要符合这个条件,就没有脱离数独的范畴。

六、相关组织和竞赛活动

1.国内组织

由世界智力谜题联合会授权的组织或机构,在每个国家只设立一个代表机构,负责选拔和组队参加世界数独锦标赛和世界谜题锦标赛,也负责数独在中国的推广活动,促进数独产业发展。目前,世界智力谜题联合会授权的中国机构是北京广播电视台。北京广播电视台于2011年5月成功举办了2011北京国际数独大奖赛,2011年内成立数独发展总部,专门从事数独宣传及推广活动。

北京甜菜团成立于2007年7月,是国内研究数独游戏的专业团队之一。团队成立时包括参加2007年捷克数独世界锦标赛的5名选手,组队时仅有10人,通过1年的发展已经成为一个60人左右的精英团队,已经和世界级的数独精英们建立了多方位的联系和交流,同时也掌握着世界上最新最流行的数字游戏和题型,团队成员自身的水平也在不断提升中。

独数之道网站(网址www.sudokufans.org.cn),是2008年5月成立的数独网站,提供标准数独以及十余种变型数独在线游戏。比赛形式灵活多样,题型、题目质量均属于国内顶尖水平,所以吸引了国内的众多高手聚集与此。

2.国内竞赛活动

国内每年有一个针对世界数独锦标赛参赛资格的选拔赛,由世界智力谜题联合会授权的国内机构举办。同时,还会组织一些其他形式的比赛，如段位赛、大奖赛等，但目前都还没有形成定期连续举办的惯例。另外还有一些形式多样的比赛，如甜菜杯比赛、陈岑杯数独比赛以及独数之道网站举办的一些网络比赛等。

3.国际组织

国际范围内广泛认可的就是世界智力谜题联合会（简称世智联），是致力于在全世界各国推广和发展谜题运动的国际组织，其组织形式按照奥林匹克标准设立，在每个国家设有唯一指定的会员机构，目前有45个国家和地区的机构加入世界谜题联合会。每年由世界谜题联合会指导会员机构举办一届世界谜题锦标赛和一届世界数独锦标赛。截至2011年7月已成功举办了十九届世界谜题锦标赛和五届世界数独锦标赛。

4.国际竞赛活动

世界数独锦标赛：是世界级的数独比赛，每年举办一届，由世界智力谜题联合会授权的会员机构统一选拔人员组队参赛，截至2011年7月已成功举办了五届。参赛选手、国家众多，是目前世界上规模最大的数独比赛，也云集了各个国家的顶尖数独高手，是数独竞赛的顶级殿堂！

另外，近几年在东南亚国家（如新加坡、泰国）于每年的6~8月份举办亚洲数独大奖赛，规模在逐年增大。其他还有一些国际范围内的网络比赛。